CUENTOS
PARA LECTORES
CÓMPLICES

LITERATURA

ESPASA CALPE

ANTONIO
PEREIRA

CUENTOS PARA LECTORES CÓMPLICES

Introducción
Ricardo Gullón

COLECCIÓN AUSTRAL

ESPASA CALPE

—

Maqueta de cubierta: Enric Satué

—

Depósito legal: M. 36.580—1989

ISBN 84—239—1901—3

Impreso en España
Printed in Spain

Talleres gráficos de la Editorial Espasa-Calpe, S. A.
Carretera de Irún, km. 12,200. 28049 Madrid

ÍNDICE

INTRODUCCIÓN

Desde Vladimir Propp (*Morfología del cuento folclórico,* 1928) y André Jolles (*Formas simples,* 1930) el análisis del cuento cambió radicalmente, es decir, en su raíz. Lo que anteriormente se había dicho sobre él sobrevivió en parte, o por lo que significaba situar históricamente una serie de ficciones regidas por estímulos análogos, o por el valor intrínseco de algunos análisis de obras concretas.

Al presente, la crítica del cuento se ha desplazado de la temática y de lo histórico hacia las formas, de acuerdo con las realizaciones de Propp, Jolles y sus seguidores, y, en consecuencia, estará bien atender en primer término a este aspecto de la creación artística. No veo contradicción en reconocer esta primordialidad y a la vez situar históricamente los textos, o sea, registrar el punto de la totalidad en donde se inserta una particularidad determinada.

Cambio significa, en este caso, proceso: corriente necesariamente alterada por el tiempo, por las variaciones en la mentalidad del sujeto y en la configuración del objeto. La perspectiva del «romántico» no es la del «clásico»; esto es obvio, pero conviene decirlo y repetirlo para evitar distracciones. La evolución es innegable, siquiera resulte posible hallar en ciertas páginas de Lope premoniciones de avances que no alcanzaron plenitud hasta bastante más tarde. Casos así son frecuentes, y a un ojo receptivo no le costará trabajo identificarlos en Pedro Antonio de Alarcón, por ejemplo.

Usualmente las variantes del cuento decimonónico se ceñían al asunto: amatorio, fantástico, etc. Quizá en Leopoldo Alas sería posible discernir variantes formales, sugeridas por el «cambio de luz» señalado en el título de uno de sus cuentos, si no es el tal cambio consecuencia de una modalidad interiorizante muy significativa: distintas series verbales y nuevos giros sintácticos producen un texto intimista, precursor de las delicadas narraciones de Azorín.

De Unamuno sabemos algunas cosas y disponemos de ejemplos, indicados por él mismo o registrados por los críticos, demostrativos de una creación cuentística potencialmente dilatable y transferible a otras manifestaciones artísticas: por acumulación de varios cuentos, «Solitaña» el más notable, se formó *Paz en la guerra;* «El que se enterró» creció hasta convertirse en *El otro;* «Tulio Montalbán y Julio Macedo» fue el germen de *Sombras de sueño*. Tales posibilidades transfigurativas recomiendan un examen a fondo de los cuentos unamunianos que aquí no puede ser ni esbozado. La función de orientador religioso y político asumida por don Miguel con tanto fervor, se interpuso entre su empeño cotidiano y la teoría de la ficción: fue practicante y no teorizante del cuento.

No sé si una aproximación temática a las narraciones breves de Azorín sería recomendable y si de serlo, resultaría reveladora. La fragilidad de la sustancia incita a desviar la atención lectorial hacia la textura verbal, atendiendo al cómo se cuenta más que a lo contado. Y si alguien objeta aduciendo lo extremoso del caso, pudieran aportarse otros, con mayor apoyatura en la anécdota, causantes de una parecida desviación: Gabriel Miró, Benjamín Jarnés, el primer Ayala y el primer Salinas, Antonio Espina, Rosa

Chacel... o sea los metaforistas pródigos de la Vanguardia.

Imaginistas, líricos, irónicos... son adjetivos acoplables al autor y al texto. Aun si el referente no es prescindible, cabe notar su distancia de la escritura, de una escritura complacida en sus propios reflejos y desinteresada del propósito mimético rector de los comportamientos narrativos predominantes hasta entonces. Proust cercano y James más lejos fueron incitaciones, propuestas nada desdeñables y ciertamente no desdeñadas. (Salinas tradujo *Por el camino de Swan, A la sombra de las muchachas en flor* y parte de *El mundo de Guermantes.)* Las categorías observadas por el crítico generan una lectura centrada en la construcción léxica y en el estilo, centralidad no excluyente de la infiltración en el texto de sucesos, o no más que sugeridos o desarrollados hasta el punto de conferir plenitud de sentido al significado.

No es gran cosa lo aportado por la crítica de lengua española a la conceptualización del cuento. Jorge Luis Borges, Adolfo Bioy Casares y Silvina Ocampo acreditaron su interés por el relato fantástico antologizándolo y escribiendo no pocos de esta filiación. Borges, en sus prólogos, expuso algunas opiniones sobre la narración breve, y el poeta chileno Oscar Hahn antologizó y estudió las escritas en Hispanoamérica. Mas ninguno puso tanto empeño en fijar las características del cuento como Horacio Quiroga, promulgador del «Decálogo del perfecto cuentista», resumen un tanto obvio de las reglas a que debe atenerse el autor de estas ficciones. Enrique Anderson Imbert no dejó de echar su cuarto a espadas en la discusión teórica, opinando sobre la extensión del cuento: debe ser tal que pueda leerse de una sentada.

Basándome en los diez mandamientos de Quiroga retendré tres condiciones esenciales: el cuento debe ser breve, intenso y capaz de sostener el interés durante la lectura y de sorprender al concluirla. El hermetismo postulado por Ortega para la novela es más asequible en el cuento; la tentación de pasar del texto a la vida, tendrá menos tiempo para presentarse y, por otro lado, es más insólito encontrar en la narración breve la carga de preocupaciones sociales a menudo gravitantes en la novela. Pongamos, pues, hermetismo junto a brevedad y *suspense,* y condensación junto a intensidad, y por el momento será suficiente.

La sorpresa es el último de los factores tenidos en cuenta por Quiroga que me propongo comentar aquí. Apenas es pensable una narración interesante —en los términos recién expuestos— sin considerar el factor sorpresa como posibilidad de mantener el interés. ¿Cómo se mantendrán o se romperán las relaciones entre los personajes? ¿Se ajustará el desenlace a las maquinaciones imaginativas del lector?

El acto lectorial supone una oscilación entre varias posibilidades de desarrollo de los personajes, unas veces calculadas con acierto por el lector, y otras desviadas a comportamientos no previstos por éste. Tales desviaciones conducen a la sorpresa, tanto más intensa cuanto mejor dosificada fuese la información destinada a producirla. Los autores de novelas policiacas, empezando por Edgar Allan Poe, consideran la novela como un problema cuya solución debe ponerse al alcance del lector, sin regatearle el conocimiento de los datos necesarios para encontrarla por sí mismo; el problema, el enigma, es calificado asimismo de misterio y el tercer sustantivo se refiere a puntos no siempre dilucidables por la reflexión, aun si abarca aspectos extremos, «esotéricos», a menudo pasados por alto.

Desenlace sorprendente, mas no desacorde con la lógica y la coherencia del relato; si falta coherencia el objeto artístico desaparece, y en su lugar emerge un engendro, tipo Clemente Palma, que traspasando los límites del absurdo y hasta el falso horror de la novela gótica, se complace en los extremos de lo macabro. Citado el joven modernista (así lo llamaba don Ricardo Palma, su padre, al presentárselo a Rubén Darío) no sobrará añadir que en no pocas narraciones del Modernismo el lector contaba con un final acorde con las ideas de la época: la temeridad del científico, aventurándose con osadía en terrenos sagrados, llevaría como sanción la muerte o la ceguera —otra forma de muerte— del temerario: «La extraña muerte de Fray Pedro», «La fuerza omega». En narraciones como éstas, el científico encarna el Mal y su eliminación conviene a la sociedad establecida.

Cuatro tipos de sorpresa se producen, como en la vida, en la obra de ficción: las súbitas, acontecidas sin que pudiera sospecharse su llegada; las que cautelosamente van dando señal de eventual ocurrencia; las marcadas en el discurso para incitar a una anticipación de lo por llegar, y las acomodadas a una línea no declarada, pero perceptible teniendo presentes arquetipos míticos... (En tal supuesto, la sorpresa puede revestir, por la degradación del actante, una forma dramática —«Prometeo», de Pérez de Ayala—, desustanciadora de la figura.)

No se confunda sorpresa con cambio del personaje, conforme sucede en las novelas de Dickens, donde, por razones que el autor sabe, el perverso se muda de pronto en bondadoso, o al revés. Los ejemplos abundan en la novela, porque en ella la extensión del texto hace más tolerables las transformaciones del carácter. Las del cuento, en especial las del cuento popular, poco sorprenden al conocedor de unas máquinas verbales en que nunca se está seguro de si el disfraz, el supuesto disfraz, se convertirá en persona permanente: ¿Cómo podría el lobo optar por vivir, como segunda abuela, junto a Caperucita?

Apenas puedo concebir un incidente dramático —o cómico— sin el elemento sorpresa, pero en su significado más amplio y no en el restringido que Quiroga le atribuye en su decálogo: manifestación súbita de algo inesperado y casi impensable hasta el instante en que constatamos el hecho; movimiento mental causado por algún suceso inesperado.

Si todavía añado a las condiciones del cuento ya mencionadas una más, la autenticidad, no faltará quien pregunte por el significado atribuible en contexto a esta palabra. Significa arraigo de la intuición en una prosa personal, con modos de expresión propios en el lenguaje del escritor, nunca inmune al de la tribu. Dentro de un marco espacio-temporal común, el cuentista auténtico encontrará la palabra «suya», la ajustada a las exigencias del texto —de «su» texto.

Calificado de auténtico, la calificación vale como indicio —por lo menos indicio— de diferencia, es decir, de distinción que sobre mostrar su diversidad respecto de otros escritores, le eleva a planos de calidad donde su figura destaca mejor. Pienso en las narraciones de James Joyce, no doblegadas a las presiones de editores e impresores inclinados a censurarlas por su singularidad misma o por considerarlas obscenas, atentatorias contra las instituciones o, simplemente, perturbadoras. (La actividad censorial es multiforme en sus intervenciones.) La autenticidad es exigencia penosa, como suelen serlo las impuestas por constatación de una diferencia entre el Yo y los otros. (El rechazo de Juan Benet por ciertos grupos probó de manera transparente cómo la sociedad se protege de quienes perturban su sosiego con la afirmación de su diferencia.)

Y no cito a Benet en vano: sus cuentos constituyen un hito muy visible en la ininterrumpida cadena de la invención, constante impulso hacia adelante y hacia atrás, un adelante y un atrás difíciles de localizar cuando de arte se trata; ¿atrás la primera Oda de Píndaro?; ¿atrás Odiseo y sus viajes?; ¿adelante Mr. Pickwick y Torquemada?

Bécquer, Darío, Machado: ¿cuál es el orden y cuál el sentido de la ordenación? Preguntas ya respondidas (por Eugenio d'Ors —«No hay tal Prehistoria»—, por Joan Miró declarando la modernidad de los pintores de Altamira) y que se auto-responden tan pronto como se plantean.

Los textos dialogan en el espacio literario y los de hoy se incorporan a la conversación si su palabra es significativa y aporta nuevos matices. Retengamos las variantes formales, pues en ellas se declara la diferencia: la vida es sueño, el héroe desciende a los infiernos... ¡cuántas maneras de transferir el incidente a la palabra!

Una sumaria recapitulación de lo expuesto permitirá observar diferencias de cierta entidad en las condiciones señaladas para la construcción del cuento. Brevedad, intensidad y *suspense* se relacionan con el texto en sí; el hermetismo entra en el mismo círculo, mas se refiere a la actitud del lector, constreñido a no salir del texto en que ocasionalmente se ha confinado (tal es el pacto lectorial). Y de la autenticidad, inherente a las formas y al lenguaje es el autor único responsable. Dos de las cinco condiciones señaladas, siendo textuales, lo son con textualidad de segundo grado, filtrada por el lector y el autor respectivamente.

Tienda la forma a lo estático o se incline al dinamismo; sea su meta la eternización del instante o séalo producir la impresión del movimiento mediante escenas enlazadas, las condiciones siguen siendo las mismas. La eliminación o reducción del psicologismo, notoria en el cuento «modernista» anglosajón (Joyce, Faulkner) no dejó de repercutir en los de los narradores españoles contemporáneos (Juan Benet, Paloma Díaz Mas), como repercutió la combinación de procedimientos narrativos —descripción, diálogo, monólogo (interior o soliloquio tradicional)— manejados según las exigencias «auténticas» del escritor.

Las narraciones de interés más permanente son, en mi opinión, las localizadas en un cronotopos bien calculado, viviente en sus propios términos y transmisible a otros tiempos y a otros lugares: episodios de *Platero y yo,* tan universales en su andalucismo, logran la universalidad por el automático traslado en la mente lectorial de los incidentes (con leves alteraciones) más allá de los campos y de los caminos transitados en Moguer por el asnillo y su dueño. Esta transmisibilidad fue ya señalada por Ezra Pound en su recensión de *Dublineses.*

¿Es necesario establecer una jerarquía entre cuentos de personajes —dominados por la figura del héroe— y de situaciones —desarrollo de un incidente real o imaginado—? No lo creo. Henry James, fecundo inventor, dejó testimonio en sus *Notebooks* de que el punto de partida, en ambos tipos de narración, podía ser cualquiera: noticias de un sujeto original o de un suceso que excitaba su curiosidad, información recibida comúnmente en una cena o reunión de sociedad.

No siempre es sencillo fijar límites definidos a los cuentos, pero tampoco es imposible: la preponderancia del personaje en unos casos —«Solitaña», «Pipá»— y la de la situación en otros —«The Killers», «Las erotecas infinitas»—, permite visualizar dos modos de construcción diferentes, aun si el estímulo creador partió del conocimiento registrado por James: ardió un adolescente conocido de Leopoldo Alas; los pistoleros de Hemingway fueron extraídos de una página periodística. Aquél y éstos proceden de la vida, mas al ficcionalizarlos se recurrió a sistemas narrativos de distinto signo, la descripción pormenorizada del mendigo y la presentación directa que de puro escueta anula todo rasgo personal en el (los) sujeto(s).

Considerar las funciones desempeñadas por los personajes como elementos característicos de los cuentos y cuantificar su número en treinta y una (Propp) es seguramente correcto cuando se trata de cuentos «maravillosos», pero los resultados de tal investigación son inaplicables a narraciones no atenidas a pautas folclóricas, ni a la sucesión temporal de las acciones propias de esas estructuras, ni a las categorías rígidas de las figuras. El protagonista de «Pipá», por ejemplo, no es ciertamente un héroe en el sentido clásico de la palabra, ni el antagonista la miseria; en un segundo nivel la sociedad responde a la configuración tradicional.

Hace años asistí de cerca, en la Universidad de Chicago, a la tentativa de la hoy profesora Lou Charnon Deutsch, de comprobar si era posible analizar los cuentos de Alas siguiendo el método del crítico ruso. Pese al talento desplegado en el empeño, tal extensión no fue posible. El cuento «artístico», lo llamo así para abreviar, sin por eso negar el arte del cuento popular, declaraba una y otra vez la exuberancia de sus recursos, vulnerando la norma, rompiendo la temporalidad, manipulando el espacio, diluyendo o negando la consistencia de las figuras, etc.

Sólo cabe ceder a la fragmentación crítica del texto momentáneamente y con fines didácticos: puesto en claro el significado de cada uno de los fragmentos, el sentido de la totalidad se impondrá por su misma evidencia. La tarea del crítico —y del lector— se concentra en el examen de los significados conducente al correcto descifrado del sentido. La operación generativa es libre y a la vez está ligada al texto: en él y no en impresiones y elucubraciones ocurre el encuentro. La frase, según va, impresiona y hace recordar la de Picasso («yo no busco; encuentro»): el lector se acomoda al texto, se arrellana en él y escucha, más allá de la literalidad y sin salirse de ella, el susurro de la metáfora, la gracia del nombre común alterado por la enunciación, el engranaje de la cadena metonímica..., y al acomodarlas al curso de su reflexión cumple su función estructural.

Fragmentar el cuento artístico en el curso del análisis es, pues, hacedero y necesario, con necesidad extensible a la compenetración —penetración mutua— de lector y texto: impregnación de lector e iluminación del texto; si éste reverbera es por cómo la luz de aquél traduce en acto la potencia de la palabra.

La perspectiva narrativa determina la distancia entre autor, o narrador, y personaje, reducida cuando la invención ficcionaliza sentimientos, esperanzas o frustraciones. Entre Sigüenza y Gabriel Miró apenas distinguimos: trasunto de Miró, la invención se nutre de sus vivencias hasta el punto de la indisolubilidad: en «Huerto de cruces» —cementerio de Polop de la Marina— la escena es poco más que un diálogo entre Gasparó, el enterrador, y Sigüenza, heterónimo del autor. Al publicarse el cuento en *Revista Hispánica Moderna* apareció ilustrado por una fotografía de Gasparó y de Miró; el resto es paisaje, y no sería desatino considerar el texto como ilustración de las figuras, parte de un cuadro revelador de su ser.

Sugiere este caso, extremo y extremado, la posibilidad de que el espacio sustituya a la situación, o más bien, de que cumpla una función paralela partiendo del hueco y del silencio llamados a colmarse con la atmósfera y el ambiente. Tipologizar tiempos y espacios sería empeño estéril; antes que Bajtin los asociara, conocían los creadores la intercomunicación y dependencia de ambos factores. Espacio con tiempo dentro —como en «Las erotecas infinitas», recién citadas— no es espacio vacío: los acontecimientos o seudoacontecimientos se reiteran en anáfora sin fin, dando constancia de su vitalidad. Y lo sucedido o sucediente, lo predicado por la oración, acontece forzosamente en aquel tiempo o en éste, en el de Mari Castaña o en el de la transformación de Gregorio Samsa.

Descarto esta tipología para no inducir a confusión. Elementos estructurales, tiempo, espacio, personajes, narrador, autor y lector implícitos, deben ser tenidos a la vista desde supuestos de suma importancia; de la peculiaridad de su asociación, de cómo conecten dependerá la forma, y ya indiqué la importancia que a mi juicio debe atribuirse a los estudios morfológicos, aptos para dirigirnos al mejor conocimiento de la sustancia narrativa y al descubrimiento de su sentido.

Antonio Pereira, poeta original y a su manera «raro», es decir, huidizo a las clasificaciones que lo agruparían según el criterio o la falta de criterio vigentes, novelista de no escasa producción y cuentista con muchas cuerdas en su arco, ha logrado, creo yo, dominar el arte de la narración breve con una destreza no inferior a la de sus coetáneos mejores.

La resistencia a lo trivial sumergiéndose en la trivialidad y así objetivándola como ámbito en que las figuras declaran su condición «real» y afirman una personalidad distinta de la sugerida por el texto, es acaso lo más atrayente de «El hilo de la cometa», diálogo de silencios en cuya opacidad asistimos a la desliteraturización de lo literario y al tránsito de una convención a otra, de una hipótesis aventurada a una certeza reductora de «la aventura» en beneficio de la cotidianeidad emblemática de la bebida final: el whisky sustituido por una taza de café con leche, ni más ni menos prosaica que el alcohol de los escoceses.

Humor gentil en textos rientes como «Las peras de Dios», que parece burlarse de sí mismo, guiñando un ojo al lector —o al espectador, en la divertida versión cinematográfica de *El Filandón*— según hacen tantas otras páginas de la ficción pereiriana en que se recata —nada de exhibición— el estandarte de la modernidad.

Modernidad que, además de otras cosas, aquí significa fidelidad a uno mismo dentro de lo vagamente llamado «espíritu de la época», que lleva décadas manifestándose en formas —menos unánimes de cómo las desearían algunos teóricos— y organismos que de la palabra se nutren y por la palabra transmiten versiones de la realidad producidas por narradores imaginativos y sagaces, habituados a disfrazarse de sí mismos.

Sin recurrir a lo extraordinario salvo para docilizarlo en lo habitual, Pereira encuentra en la rememoración de lo posible nunca sucedido o sucedido en un ayer casi mítico, y no por perdido en la noche de los tiempos, sino por razón de los signos inequívocos en su equivocidad, que un día fueron premonición y hoy proyectan en el rememorante la sombra amarga del ayer. Una dosis variable de ironía y abundantes toques de ingenio y —¿por qué no?— de socarronería, declaran la presencia de un autor cada hora más activo como narrador o como narrador-actante de sus ficciones.

No es de ahora la inclinación del autor —del Autor en general, ¿o no?— a incluir su personalidad, sus querencias y rechazos, sueños, ensueños, en un recinto, el literario, donde toda mutación es posible. Para atenerme a las estudiadas por mí con algún detenimiento me limitaré a citar el precedente de Unamuno, constante evocador de sí mismo bajo roles tan opuestos como los del joven Pachico Zabalbide, el sabio don Fulgencio Entrambosmares del Aquilón y don Manuel Bueno, santo de la caridad sin fe.

Don Miguel recurrió a lo grotesco cuando lo grotesco servía para declarar rápida y sucintamente el alcance de un hecho, el significado de lo que sería frivolidad calificar de insignificante; Antonio Pereira, sin llegar tan lejos, no rehúye lo esperpéntico, pero rebajando en algún grado su densidad. En seguida lo veremos.

Antes de entrar en este punto destacaré tres aspectos del proceso creativo pereiriano: el primero se refiere a los personajes, provincianos de estirpe, pasados de su tierra a mundos donde sus interlocutores son figuras, literarias o no, con quienes se mueven —como quería Eugenio d'Ors— de la anécdota a la categoría. No se distraiga el lector pensando en un desvío hacia la entrevista con éste o con aquél, con Jorge Luis Borges o con Cristóbal Halffter. La conversación es un enfrentamiento, no en el sentido de choque, sí en el de careo con quien es, tan a la vez, semejante y diferente. *Reseñas y confidencias* (1985) constituye una galería de sujetos-materia hechos sustancia por la magia —¿bastará con decir la gracia?— del estilo.

Proceso transfigurativo anticipado en *El ingeniero Balboa* (1976) y continuado en *El síndrome de Estocolmo* (1988) y no interrumpido —aun si desviado en *Los brazos de la i griega* (1982)—. De lo referencial en sus diversas fases, el tipo sin nombre, identificable por el lector sin más que situarlo en el ámbito que le corresponde (el de la cotidianeidad); el que fue y se manifestó ocultándose; el de filiación conocida; el arquetípico, encontrado por azar o destino en los antípodas o en la casa de al lado; el del autor «en persona»..., de su estudio pudiera partir una poética del cuento aplicable a los de Pereira, tanto más cuanto la preferencia del narrador-agente, del narrador actante de modo directo en la narración, pone al lector en contacto con un híbrido, mezcla de inventor e invención, con un autor que no se esconde, o finge no esconderse tras el caballero que danza en Moscú o se ve involucrado en el tráfico de drogas en Puerto Rico.

Narrador y actante como vías de penetración y de progreso en textos donde realizan sus funciones con análoga calidad de sustancia. La presencia del autor implícita —por lo menos la del autor implícito— en la fábula, y la bien fundada sospecha de que pueda ser determinante de la trama, sugieren que la vivencia opere como sustrato de lo contado, y, por lo tanto, que la experiencia artística responda al movimiento imaginativo causado por hechos que, en parte, proceden de la voluntad de re-crearse en la invención.

Ni símbolos, ni mitos, ni leyendas, ni gestas atraen a los narradores de estas historias, donde la Historia se filtra como un pasado que persiste en lo presente sin gravitar sobre él con excesivo peso; es filtración, alucinación, sospecha, y poco más, en «La resistencia»: lo sucedido permanece en la memoria de quien se esfuerza en delinear el recuerdo, emergente en balbuceos no reveladores de incertidumbre sino de voluntad de captar las líneas más eficaces para exponer lo ocurrido allí y en otro tiempo. Balbuceo, digo, y quizá debiera añadir dificultad de informar de un suceso cuyos antecedentes desconoce quien lo escucha.

No es así en «El ingeniero Balboa», narración de excelente factura, a la altura de las más sustanciosas de nuestro tiempo; se acerca a la guerra civil, y sería posible, en una tipología temática, incluirla entre las dedicadas a aquel horror. No es lo temático —ya lo dije— el asunto de este ensayo, sino la forma, la construcción del personaje (de los personajes), la doble función del seudo-héroe, la actitud del lector —probablemente mejor enterado del contexto que el propio narrador— y las gotillas finales caídas en el texto desde las venas del autor —¿implícito?—. Y todo ello ha de situarse en el marco cronológico que le corresponde.

El tiempo interior se ajusta al del calendario de manera distinta según se refiera a los actantes visibles o al invisible, que no aparece hasta el final para, de acuerdo con la recomendación de Horacio Quiroga, producir el efecto de sorpresa que conviene al cuento. Cuanto pasa en el protagonista visible lo sabe el lector a través del largo monólogo en que aquél se explaya; monólogo en forma de soliloquio, derivado a fluir de la conciencia en la semiconsciencia de las drogas anestésicas que le adormecen, recién operado. Tránsito del engañado consciente al desengañado transmutador de «la realidad» en sueño.

Engaño inverso al de las ficciones de estructura triangular: mujer, marido, amante, pues el marido es el organizador de la trama y no la víctima. De la inocencia a la experiencia dura el tiempo narrativo, abarcador en su fluir del pasado reciente y de períodos anteriores a lo rememorado por el personaje. Enmarcado apenas y suficientemente, una línea al comienzo y otra al final, en ese marco se llama (no sólo se menciona) al narratario, la atractiva muchacha cuya figura centra el relato; una segunda destinataria interior, la enfermera que atiende al narrador en la Unidad de Vigilancia Intensiva, emerge en el último capítulo de modo intermitente, confundida con la Elena de la obsesiva relación.

Confusiones menores y ambigüedades del relato, lejos de desorientar alientan conjeturas que, imprecisas como son, introducen en el ánimo del lector ciertas dudas respecto a lo que está sucediendo ante sus ojos: ¿relación de amor?, ¿fantasías de un joven iluso manejado por su propia imaginación? Situación equívoca: *parece* que Balboa fue muerto a poco de empezar la guerra civil. (El narrador le recuerda lejano, en los días de la proclamación de la República.) Nunca se encontró el cadáver y, dado quién y cómo era, la fiebre lectora vivida por Elena en el curso de la narración es señal que inclina a preguntarse por qué tantos y tan varios libros pasaban por una casa en que los del propietario fueron quemados por «los otros».

Cuanto expuse en la primera parte respecto a la sorpresa como desenlace es aplicable a «El ingeniero Balboa». Si, conforme indico, una vaga sospecha va surgiendo en el lector, su vaguedad misma le mantiene en la duda; el narrador, inseguro por inexperimentado, transmite los hechos desde la perspectiva de quien se atiene al significado que el deseo les atribuye, sin concebir siquiera que un designio ajeno los haya proyectado y moldeado a su manera.

El ritmo de la narración, ritmo del gota a gota, lento y pormenorizado, se mantiene hasta el fin, con tendencia a detenerse en algún momento como si quisiera convocar otros hechos, decir más del incidente, de la rápida escena que pudo ser de posesión y quizá fue algo muy diferente de lo anticipado por la imaginación: «el suave lecho de ropas blancas, la indolencia de las caricias». Monólogo dirigido: la Elena de permanente acción y reacción en el discurso, duplica su función actancial en sus apariciones como narrataria a quien va destinado el relato como larga pregunta que el narrador le hace al llevarla consigo por los rincones de su laberinto mental.

Y vuelvo al desenlace. Arde la casa, el castillo, el hogar de los Balboa: el ritmo se precipita y el narrador lo anuncia (un error, un decir lo que no debe) mientras corre en la memoria donde corrió el día del reconocimiento, al lugar y el momento donde se puso «a envejecer». Tiempo acelerado, como el de Stendhal cuando en sus novelas se acerca a la conclusión. Las llamas precipitan el fin, provocan la sorpresa, arde la Historia —marqueses, duques, apellidos insignes—, llora el fiel criado-chambelán, Elena yace replegada bajo la tela floreada y Balboa «crece a protagonista» al salir de su secreto refugio de redivivo.

Sorpresa en tono menor es la sobrevenida en otra narración con protagonista de la profesión ingenieril: «El ingeniero Démencour», crónica de la relación fortuita y pasajera entre un Yo y un Tú a quien aquél atribuye identidad equivocada. Pequeña comedia de errores y mínima sorpresa al averiguar que «el ingeniero» es la mujer con quien Yo mantiene un amorío itinerante durante un período de tiempo medible por las etapas del viaje que hacen juntos.

En la sorpresa gradualmente anunciada, la sorpresa intuida sin cabal seguridad de cómo se producirá y cuál será su consistencia, se funda uno de los mejores cuentos de este libro: «El pozo encerrado», compacto, mezcla de realismo trivial y de fantasía desplegada con la urgencia impuesta por la brevedad del texto. El narrador, designado albacea de un amigo suyo recién fallecido, descubre en el curso de sus trabajos cosas chocantes: mientras murió el testador, nadie pudo saber qué hacía cuando se encerraba en su cabaña de la viña.

Un conjunto de indicios se despliega ante la incertidumbre del lector: los herederos —sin excepción— codician la hijuela de la viña. Llega al discurso la palabra mágica: tesoro, y el narrador comparte las dudas de los oscuros actantes. El recurso al estilo indirecto libre asocia las voces de éstos a la de aquél, inquietos todos por la sinrazón de construir la cabaña dejando el pozo en el centro. Signos verbales («como si [el pozo] fuera un altar o algún monumento») sugieren ritos, misterios, actuaciones extrañas, leyendas («las riquezas enterradas de los romanos»).

Llega «la carta», continuación de otras recibidas en su día por el ahora difunto: el texto cede a lo epistolar como medio de aclarar un misterio con un milagro; milagro de ciencia ficción, calificador formalmente de un relato cuya veta costumbrista se diluye en líneas no del todo necesarias; la comunicación entre los corresponsales, a quienes me referiré en seguida, funciona velozmente en el espacio de lo maravilloso donde de repente se ha instalado el relato.

Carta, explicación y desenlace se funden en una unidad narrativa reveladora de la comunicación íntima establecida entre una mujer en Nueva Zelanda y el español del viñedo. Conocida la exacta situación de su antípoda, comunican los lejanos a través del globo terráqueo. «Novelerías», se advierte al final, mas el cierre va más lejos: en las últimas líneas el narrador comprende lo muy acompañado y a gusto que se encuentra en los territorios de [su] fantasía. Aliada al verismo y hasta al pormenor costumbrista, la fantasía da lugar a un universo que los actos verbales consolidan: los rústicos herederos sienten la codicia «como un fuego», y el llamado Baltasar luce ¿un nombre asirio? que significa «el que guarda el tesoro». (Con la fantasía coincide también el humor, ya se ve.)

Se diluye en «Charly» el eventual dramatismo del incidente en una serie, relativamente larga, de escenas análogas: las variaciones de posición no alteran el significado del enfrentamiento entre el narrador y su menudo antagonista. Si la repetición tiene sentido, es porque en ella se afirma la personalidad del niño, rara vez vencido en sus encuentros dialécticos con un adversario a quien no tarda en tratar como enemigo.

Cuando un tercer factor entra en juego las posiciones cambian, causando una inversión de las mantenidas hasta entonces. Por las sendas de la rutina se normalizará la vida del niño; se reducirá la singularidad del indócil al tamaño de su pequeñez y la doma del bravío podrá resumirse en media docena de líneas. La rapidez del desenlace se impone como se impone el restablecimiento del orden perturbado por anomalías que se agotan en su propio desarrollo.

«Los brazos de la i griega» comienza con un discurso lento, no escaso en digresiones encaminadas a la composición de un ambiente exótico, que transporta al lector al Nepal. La conveniencia de alejar el espacio geográfico explica el emplazamiento de la narración en villas y lugares de un pintoresquismo distanciador, necesario para que el final produzca la sensación de misterio planeante en formas singulares desde el comienzo del viaje. Pues de un viaje se trata y el viaje sirve de pauta a la historia, turística y más bien gris hasta la aparición del sujeto portador de los signos.

Como «Charly», concentra en breves párrafos «el enigma» final y, paradójicamente, central. Si la transformación del niño malo supone un ingreso en la costumbre, el descubrimiento del viajero tiene el carácter de una revelación desplegada en direcciones varias —reencarnación, sacrificio, aproximación de tiempos y espacios...—, incluida la iluminación del recorrido, como ascensión al milagro, si no es como descenso a los infiernos en busca de la verdad, siquiera el rito se realice aquí inconsciente e involuntariamente.

La intención de producir un texto corrector de los excesos del género erótico —siguiendo el ejemplo de lo realizado en el *Quijote* con las fabulaciones del caballero y las de sus libros favoritos— tuvo por resultado un cuento esencialmente paródico en que el humor de Pereira se manifiesta con matices bien calculados y bien conseguidos. Humor socarrón y la dosis adecuada de ironía contribuyen a caracterizar «Las erotecas infinitas» como el cuento de nunca acabar, compacto y, empero, abierto a sustituciones y prolongaciones de la trama.

Una estructura especular permite la multiplicación de las imágenes en un espacio que las finge distintas siendo sustancialmente iguales. El principio de identidad se basa en el deseo, motor coincidente de figuras llamadas a encarnarlo en cadena: cada historia desemboca, sin concluir, en la siguiente; el enlace sustituye al final, incesante linealidad del relato único y diverso en su unidad, que incluye en un largo párrafo lo contado por un narrador extradiegético y las intercalaciones de los narradores interiores, primero sucintas y parvamente explícitas y pronto indicadoras de la repetición inacabable: «unos pulposos gruesos labios de mujer que contenían [...] otros labios de mujer, y éstos contenían otros, y así, y así, hasta que la vista se declaraba incapaz pero seguía suponiendo labios y labios hasta el infinito».

Repetición y monotonía: labios siempre iguales en su infinitud. La palabra «infinito», situada en lugar preeminente, destaca asimismo en el título del volumen, cuya portada registra «la vorágine de las bocas», y en el de la narración de Pereira: las erotecas «infinitas», lectura intermitente impuesta por un libro intonso, con hojas vedadas a la curiosidad del lector, y por eso más incitantes. Si en los enlaces no se va más allá del engarce y de la alusión, es para forzar al lector a participar imaginativamente en la acción, supliendo las omisiones con hipótesis nada gratuitas, acordes con las situaciones descritas o esbozadas. De la secretaria a la profesora, de Londres a Río Grande, de la estancia suramericana al motel de cualquier parte...: universalidad de lo erótico y particularidad de una descripción nunca resuelta a pasar la frontera de la pornografía. Los trozos huecos de la verbalización, permiten al autor detenerse a este lado del borde, sin ir más allá de lo proyectado.

«Las erotecas» es uno de los textos de Antonio Pereira mejor construidos: delicado equilibrio de una prosa en el filo de la navaja, consciente de los riesgos de un paso en falso, e incitación a la participación lectorial ya predicada por Virginia Woolf y tenida muy en cuenta por Julio Cortázar.

El lector cómplice requerido por Woolf y, luego, por Cortázar fue traído a la crítica por los discípulos de Roman Ingarden. Los profesores de la escuela de Constanza, Hans R. Jauss y Wolfgang Iser confieren al lector estatuto de generador e impulsor de la obra; este tipo de crítica se concentra en el análisis del lector y de sus reacciones frente al texto más que en éste mismo. Las implicaciones de esta cuestión nos llevarían extramuros de un comentario que, en este punto, debe reducirse a señalar la exigencia en el cuento de un receptor cuya actividad supla en el acto de leer las indeterminaciones de la escritura.

RICARDO GULLÓN.

BIBLIOGRAFÍA

Libros de Antonio Pereira:

El regreso, poesía, Col. Adonais, Rialp, Madrid, 1964.

Del monte y los caminos, poesía, El Bardo, Barcelona, 1966.

Una ventana a la carretera, cuentos, Ed. Rocas, Barcelona, 1967, Premio Leopoldo Alas.

Un sitio para Soledad, novela, Ed. Plaza y Janés, Barcelona, 1969.

Cancionero de Sagres, poesía, Col. Arbolé, Ed. Oriens, Madrid, 1969.

Dibujo de figura, poesía, El Bardo, Barcelona, 1972.

Contar y seguir (Poesía 1962-1972), Ed. Plaza y Janés, Barcelona, 1972.

La costa de los fuegos tardíos, novela. Ed. Plaza y Janés, Barcelona, 1973.

El ingeniero Balboa y otras historias civiles, cuentos, Ed. Magisterio Español, Madrid, 1976.

Historias veniales de amor, cuentos, Ed. Plaza y Janés, Barcelona, 1978.

País de los Losadas, novela, Ed. Plaza y Janés, Barcelona, 1978.

Los brazos de la i griega, cuentos, Ed. Noega, Gijón, 1982.

Reseñas y confidencias, relatos, Col. Breviarios de la calle del Pez, Diputación Provincial, León, 1985.

Antología de la seda y el hierro, poesía, Col. Provincia, Diputación Provincial, León, 1986.

El síndrome de Estocolmo, cuentos, Ed. Mondadori, Madrid, 1988, Premio Fastenrath de la Real Academia Española.

Antonio Pereira y los niños, biografía y selección de textos, Ed. Everest, León, 1989.

CUENTOS PARA LECTORES CÓMPLICES

NOTA DEL AUTOR

El mundo no es ancho ni ajeno, y no es muy distinto el de la penúltima de las ficciones de *Los brazos de la i griega,* en Barco de Valdeorras, del mundo del Nepal en la que cierra esa colección, poblado de rododendros y otras vegetaciones exóticas.

El hilo de la cometa acaso venga de un juego infantil que me parecía turbador, porque el artefacto se iba pero se quedaba, volaba muy alto pero siempre atado a su dueño. Aquí sirve de título para una parte del libro, compuesta con varios cuentos de varia (y dudosa) lección.

En su primera edición, *El ingeniero Balboa y otras historias civiles* llevaba un prólogo del autor, cuya totalidad no me parece necesaria en estas páginas. Lo de «historias civiles» traté de elucidarlo con unas líneas propias: «La casa de los Balboa guardaba, también en boca de mi padre, historias que si arrancaban en este mismo siglo o a lo sumo en el anterior, a mí me sonaban igual de misteriosas y empolvadas. No salían almirantes ni adelantados, eran historias civiles como si dijéramos.» La verdad es que son historias civiles porque no son eclesiásticas ni militares.

CUENTOS PARA LECTORES CÓMPLICES (el lector ya me entiende...) es un volumen reunidor. He introducido pequeñas correcciones; en algún caso, no tan pequeñas. Y algo más retocaré en las galeradas, a poco que el editor se deje. «El concepto de *texto definitivo* no corresponde sino a la religión y al cansancio.» Y a la soberbia, añado a las palabras de Borges.

LOS BRAZOS DE LA I GRIEGA

EL INGENIERO DÉMENCOUR

Siempre que paso las hojas de una revista francesa y pasan pañuelos de Christian Dior, cremas de belleza, los must de Cartier (eso que «hay obligación» de tener de Cartier), me acuerdo del comienzo de mi aventura en el puerto de Tánger: *Je pense, monsieur, qu'il faut faire la présentation nous mêmes.* Fue ella la que lo propuso más o menos así, «Yo creo que deberíamos presentarnos nosotros mismos», la desconocida que parecía salida de un número de *Marie-Claire.* Su gesto no me pareció demasiado extraño. Aunque no sé por qué iba a tener yo que entender su idioma. Era en lo peor del verano, en un bar revuelto del puerto, junto a unas tazas de café de recuelo pero que algo venía a aliviar el olor agrio de tantos cuerpos. Los dos nos habíamos colocado en la misma punta del mostrador, como si algo nos separase de la otra gente.

—Rodolfo —me adelanté cortésmente, un poco tímidamente. Con la desgana de un nombre que me parecía de fotonovela—. Rodolfo Suárez.

Mi apellido, en cambio, lo llevaba bastante bien. En cuanto a las francesas ya se sabe que usan el de sus maridos. El suyo no tenía que decirme nada, a lo mejor es bastante corriente en Francia:

—... *Démencour* —y sonrió lo justo, sin hacer ademán de alargarme la mano.

Pero ya no pude pronunciarlo ni pensarlo sino como el apellido de un ingeniero. Seguro que de ingeniero de minas, me dije:

«El ingeniero Démencour.»

Porque ella me dijo que venía de Lille, tenía que bajar casi todo Marruecos hasta Tarenduf, el lugar que por entonces andaba en todas las bocas con sus yacimientos de cobalto o no sé si de uranio, esos minerales estratégicos que codician los rusos, los chinos, los norteamericanos.

—En realidad —me informó ella acerca de Tarenduf— tampoco puede decirse que sea tanto. Digamos que prospecciones, trabajos preliminares... —Y cambiando cautelosamente de tema—: Entonces, los dos hemos pasado juntos ese horrible estrecho...

Por los ventanales abiertos veíamos atracado el barco, con su bandera roja y la estrella de Marruecos, el ferry que acababa de traernos desde el otro lado.

—Sí —le dije—, es raro que no nos hayamos visto en el embarque, ni en las cubiertas o en el restaurante.

—He venido acostada por el mareo, en un diván del salón de té. Creo que éramos demasiada gente.

Pensé decirle que de haberla encontrado me hubiera fijado a la fuerza. Es cierto que su falda pantalón y su blusa eran de lo más sencillo, parecían compradas en una tienda de vaqueros como los míos, pero a la segunda ojeada se veía que era mentira, seguro que en una boutique y sobre todo estaban los complementos, la piel con lona del bolso de la individua o la marca dorada que abrochaba la boca del bolso, el detalle aquel de una manzanita de oro (luego supe que de Tiffany's en Manhattan), que era vista y no vista por entre el escote sobre la piel bronceada... De la bodega del ferry estaban sacando los coches, con una calma que la tenía nerviosa. Cuando le tocó el turno a su Peugeot sólido, calzado con neumáticos anchos, aplastó el cigarro y salió disparada al muelle con un aire de mujer que amase los riesgos, qué sé yo, como de safari. La vi haciendo una ronda alrededor del coche que limpiaban unos hombres de mono azul; firmando unos papeles (la conformidad, supuse) sobre el propio capó del motor; haciéndome señas para que saliera y yo salí con mi mochila que me obligaba a ir por el mundo con lo indispensable, pero que no me avergonzaba como el burgués acarreo de una maleta. Lo habíamos hablado en cuatro palabras: Puesto que llevábamos el mismo viaje...

—No llevo una ruta fija —acaso se me vio vacilar—. Pero, quisiera llegar hasta Marraquech.

Yo estaba allí con la ilusión de las ciudades imperiales y las ciudades santas y todo eso, pendiente de autobuses lentos y calurosos. Me pareció una fiesta cuando ella me dijo que le fastidiaba perder el tiempo a lo tonto pero que no le importaría gastarlo en algunos sitios que valiesen la pena.

—El misterio de Oriente, el Islam —ahora me animaba por fin— lo tenemos a un paso, la gente no entiende que estar aquí es como verse uno en Persia hace dos mil años.

No había pasado de Xauen, la otra vez que estuve en Marruecos; fue en Xauen, precisamente, donde la francesa y yo hicimos la comida del mediodía. La primera situación como si dijéramos íntima, porque hay mucha diferencia entre estar tomando algo en el mostrador de un bar y sentarse juntas dos personas para comer en la misma mesa. Por la puerta entornada del restaurante indígena habíamos husmeado el frescor, y unos pinchos morunos *—las brochettes,* decía ella— se estaban asando a la puerta con un olorcillo que se sentía en toda la calle. La madera del banco era un asiento algo duro hasta que nos trajeron unos cojines bordados, y no pareció que los dos o tres comensales cercanos se extrañaran por esa atención a nosotros. Eran nativos, con el alto fez rojo sobre las cabezas. Mi compañera debía de tener experiencia, dijo que el pollo asado sería lo de menos riesgo, aunque yo me tiré a la salsa más colorada creyendo que era tomate y era pura guindilla. Los dos nos reímos con finura, yo creo que fue una prueba, que ahora sabíamos que era posible la convivencia. Después de unas frutas algo ásperas pero sabrosas vinieron con el té en un cacharro precioso de cobre y ella se quedó mirando para los hilillos de vapor que salían por unos conductos, dijo que no lo hubieran servido mejor en París, en el Café de la Paix. Seguro que le gustaba el lujo. Debe de ganar bastante un ingeniero en una explotación de ésas y a su mujer le gustaría llevar un tren de vida que yo no podría seguir, es lo que me andaba por la cabeza. A lo mejor me lo adivinó. Dijo que traía la idea de buscarse un conductor a sueldo, que si ella y yo podíamos alternarnos en el volante habría resuelto su problema de la manera ideal.

—Puede suceder —me dijo— que al llegar al hotel usted prefiera pasárselo a su aire, supongo que no le faltarán distracciones.

Sucedió que nos paramos en aduares y mercados de las estribaciones del Rif, tomamos té con menta en un cafetín de Ouezzane y té con menta por todas partes, era el tiempo de los días muy largos y pudimos desviarnos hasta dar un vistazo a la medina de Taza.

Sucedió que a la noche llegamos un poco cansados pero no rendidos a un hotel viejo y lujoso, en Fez. En la recepción no nos preguntaron apenas. Estaban echando la casa por la ventana, la ciudad en fiestas estallaba en fuegos artificiales y el olor de la pólvora se metía por las celosías de la habitación que nos dieron, hasta nuestra única cama, muy ancha y muy baja.

Bueno. En fin. Sucedió lo que tenía que suceder.

Ya muy tarde, cuando no me quedaba en el alma ni en el cuerpo otra gana que la de dormir y ver acabarse los cohetes, entonces, fue cuando empezó a metérseme aquí el disparate del ingeniero, la obsesión de imaginármelo a él.

Por la mañana el sol de julio todavía podía resistirse y entraba hasta los pies de nuestra cama, orientada de cara al naciente. O sea mi cama de sultán, toda enterita para mi pereza. La señora Démencour, es lo primero que vieron mis ojos al despertar, estaba junto al balcón que daba a la terraza, estirándose y doblándose como al compás de una música que sólo ella escuchara, completamente embebida en la gimnasia del cuerpo y hasta del alma. De su alma yo no sabía mucho, y en cuanto al cuerpo... La verdad es que ahora me parecía distinto, no digo si mejor o peor, como si esos muslos y esa cintura y ese cuello tuviesen poco que ver con lo que anoche había disfrutado yo. La vi con las manos extrañamente cruzadas, las palmas hacia arriba, levantando los brazos muy tensos por encima de la cabeza y de cara al exterior de la habitación, con lo que estaba visible su espalda pero nada de por delante. Luego se dio la vuelta, sin saber que yo había despertado. Sólo tenía puesta la braga, aparecieron de refilón sus pechos que eran poco voluminosos y así como estaba ella de pie, con las piernas entreabiertas y bien plantadas, se inclinó hacia delante de manera que le cayeron los brazos hasta tocar el suelo, y le cayó la cabeza, el pelo colgándole y toda ella como si fuera una sábana puesta en la cuerda a secar. No sé cuánto tiempo aguantó con la sangre bajándole a las meninges. Yo era más joven que ella; creo que no una cosa exagerada, pero sí; y no hubiera sido capaz de esas acrobacias. Cuando se enderezó y me vio examinándola echó una mirada al reloj, también se había dejado puesto el reloj, y yo sentí la vergüenza del zángano de una colmena. Salté de la cama desnudo como estaba, pero rodeándome la cintura con una toalla que había a mano; me salió clavado, el gesto del macho que está acostado con una señora en una película...

Tocaron suavemente en la puerta para el desayuno.

Si yo pudiese, me alojaría en los hoteles de lujo nada más que por la hora del desayuno. Trajeron naranjas, limones pequeños, dátiles. Trajeron quesos, huevos revueltos en un recipiente de plata con un infiernillo para que no se enfriasen. Los ruidos los habían agotado los de Fez durante la verbena y ahora sólo piaban los pájaros, como si se hubiera parado el mundo. Trajeron café hirviendo y pan recién hecho, nos lo traían unos servidores respetuosos, poco más que adolescentes que entraban y nos miraban y miraban al suelo, hasta que se retiraban marcha atrás para no enseñarnos la espalda. Yo no sabía por qué miraban al suelo si éramos unos huéspedes ya vestidos y muy tranquilos, desayunando alrededor de un velador de mármol en la terraza.

Entonces la señora Démencour señaló para dentro del cuarto, para la cama de matrimonio, y es verdad que se la veía demasiado revuelta.

Me habló del pudor extraño de los moros jóvenes. La *hachuma,* lo llamó. Como si estuviera acostumbrada a tratar con ellos.

—Sería bueno —le dije— poder quedarse aquí para siempre.

Estaba claro, debía estar claro que quería yo elogiarla como mujer. Me dolió su nueva mirada al pequeño Rolex de acero, la manera elegante pero sin vuelta de hoja con que rechazó un avance mío en la mañana tan rica, disculpándose porque ya se había vestido y arreglado del todo. Esta vez llevaba una pieza entera de arriba abajo, uno de esos monos aunque entonces no era corriente verlos, con el blanco puro y deslumbrante del algodón que le daba a toda ella un aire muy descansado y fresco. Decidió que fuese yo el que condujera durante la primera parte de la jornada:

—*Si cela ne vous dérange pas.*

Se puso a mi lado en el asiento delantero; o yo al lado suyo, era la dueña del coche, el espacio que ella ocupaba siempre era poco para sus bolsos y las guías de viaje y las gafas, más los cigarrillos a todo pasto, como si el mundo entero quisiera tenerlo a su alcance.

Yo mismo —lo pensaba mientras marchábamos de la ciudad— venía de estar al alcance de sus ojos y de sus manos nada vergonzosas... Habíamos hablado poco, poco si se lo mira en proporción a lo de acostarnos juntos y que había llegado tan de repente. Éste es un asunto que a mí me ha preocupado siempre, el cómo y el cuándo para el primer movimiento táctico. Con ella fue tan simple como entrar en la habitación y desnudarse y apartar una colcha. Me dolió si acaso su risa (es verdad que una risa muy franca) cuando yo no le duré ni un minuto con la emoción del primer momento. *Ah! non, Ah! non, Par exemple!,* me hablaba en español o en francés según le salía. Luego me administré y funcionó todo como las rosas.

Estuvo a punto de ser perfecto. Pero a mí cuando las cosas me salen a pedir de boca siempre me pasa que les veo una nube. Les voy a ser franco en lo de aquella nube: Por entonces yo no me había acostado nunca con una mujer casada. Y lo que aguaba mi encuentro con la señora de Démencour era concretamente, personalmente el señor Dé-men-cour.

—Debe de ser muy desconocida, muy cerrada aquella región del sur —tanteé en cuanto tuve ocasión, refiriéndome vagamente al destino de la viajera—, diferente de las ciudades por donde andamos ahora.

—Sí —aceptó ella—; sobre todo después de que se deja atrás Marraquech. Bueno, Agadir está más allá de Marraquech, pero la costa es siempre otra cosa.

—Eso es cierto —le dije—. Yo pensaba en el propio lugar de las minas, o sea en el interior, ¿no son las estribaciones del Atlas?

—Del Anti Atlas, más bien habría que decir.

—Y supongo —aunque acaso hice más rodeos— que debe ser peligrosa la zona.

—Bueno, son cosas de la profesión. Pero nuestra Compañía tiene experiencia, contamos con nuestro propio médico y enfermeros, sabe usted, casi un pequeño hospital.

—Quería decir otros peligros —dije; por entonces yo no pensaba en las enfermedades—, quizá la necesidad de llevar algún arma...

—Un arma nunca está de sobra —dijo con una sonrisa poco clara—, pero yo al menos no la llevo nunca.

Ella no, pero el ingeniero. Seguro que era un tipo habituado a la acción. La noche me la había pasado dándole vueltas al asunto, hasta que ya quería amanecer. Juraría que llegué a sentir el olor de la pipa de Démencour.

Y ahora, de repente:

—*Oh, mon Dieu!*, ¿se da usted cuenta de la desgana del guardia? —protestó mientras encendía el tercer o cuarto Winston del día—. Pero cómo puede hacerse así la circulación, ¡en una ciudad de doscientos mil habitantes!

Porque un ingeniero en África podrá fumar cigarrillos pero vuelve a casa (un chalé, un bungaló entre las palmeras) al final de la tarde y se tiende junto al ventilador y calmosamente se premia por el esfuerzo del día con una pipa ancha y bien retacada, estaría a punto de llegar un boy con el whisky y los pedazos de hielo flotando cuando me apeé de las nubes y traté de interpretar el ademán del guardia que por fin nos abría paso, el tipo es verdad que lo hacía con mucha pereza.

—No los conoce usted bien... —se lamentó ella entre la compasión y el fastidio.

También con el tono de «Si me dejaran, a estos los arreglaba yo». Creo que le hubiera gustado bajarse del coche y dar unas órdenes. A las tres de la tarde del día anterior —aún no hacía veinticuatro horas y a mí me parecía haber vivido muchísimo—, el sol pegaba duro en los matorrales de las cunetas, un fardo añadido sobre los hombros de algunos caminantes raros y mal orillados, o de burros sordos al aviso del claxon. *Ce sacré pays,* la oí decir, no sé si es exactamente un juramento. «Sí —dije yo—, estamos en la peor hora del día pero esto tiene que arreglarse pronto.» Y en ésas, una procesión inacabable de cabras que se pone a cruzar. La vi alargar la mano hasta el paquete de cigarrillos, luego lo hizo correr a lo largo del salpicadero invitándome como de rebote. Estaba impaciente, se lo noté, pero no porque lo delatasen sus manos enguantadas, perfectamente seguras sobre el volante. Nos hubiéramos muerto de viejos en la carretera, esto es verdad, esperando el paso natural del rebaño. Ella le dio al cigarrillo una chupada intensa antes de dejarlo en el cenicero rebosante y arrancó golpeando sin duelo a los animales. El pastor nos había mirado con humildad y por un momento se puso a hostigar sus bestias. Luego, al ver que ciertamente nos alejábamos, levantó su cayada como un arma y en su lengua nos gritó palabras que por el tono ensuciaban a nuestra familia. Me reí por echar a broma el coraje de la conductora, pero ella estaba convencida, me dijo que es así y sólo así como se tiene que actuar.

—Comprendo los sentimientos de usted —me aclaró con calma (estoy volviendo con el cuento a cuando el agente de tráfico)—; pero es por el bien de ellos mismos y de su futuro que debe inculcarse la disciplina laboral, la aceptación de los tiempos que cambian. ¿Sabe usted el incremento de la exportación de fosfatos naturales? ¿Los dos millones —o doscientos, diría ella, yo qué sé— de toneladas de hierro? Y por supuesto la electricidad, el doble de kilovatios hora en sólo una década... No dudará usted —en fin, me dijo— que la empresa vale la pena.

Claro. Las mujeres oyen a sus maridos, las mujeres pillan aquí y allá las palabras y los gestos de sus maridos y se adornan con sus problemas, es lo que yo iba pensando a medida que en el retrovisor se alejaban los minaretes de la ciudad, a punto de adentrarnos en las carreteras ardientes.

—¡Mire! —recuerdo que paré casi el coche.

Porque en la derivación hacia el Este había unos indicadores de carretera increíbles:

—A Túnez. A Trípoli. A Benghazi.

Yo leía o rezaba en voz alta la fascinación de los lugares.

—¡A Alejandría!

La vi que me miraba con algo que parecía cariño pero se corregía en seguida, me miró y me dijo que somos unos soñadores los españoles. Ella había vivido en el Rhur, en el Sarre, en la verdadera África negra del Congo belga. Y sobre todo en Lille. Imaginé una ciudad carbonosa. Ella dijo que industrial y un poco gris y no muy grande, seguro que tomaba el tren o su propio coche para París a esas cosas que van las francesas de las provincias a París: *«Oh, chéri* —al marido—, *mon amie Giselle, Giselle Dumont, tu te souviens.»* O la reunión de las antiguas alumnas del colegio. Pero no van a equivocarse todas las novelas y las películas que recaen en un hotel discreto junto a la gare de Montparnasse, en el apartamento en Neully de un ejecutivo ambicioso o mejor si es de un anticuario. Por qué no, la señora Démencour. O por qué, entonces, conmigo sí... Yo no estaba casado, era absurdo que me sintiera solidario con los maridos, pero el que ustedes saben se destacaba con su apellido de politécnico entre la masa anónima de los maridos, cómo no se le va a tener por lo menos respeto a un hombre que trabaja y baja en las vagonetas mientras que nosotros.

Llegó a ser como si él viniera con nosotros en el Peugeot... Una vez que ella subrayó una frase con su mano posándose en la tela delgada de mi pantalón, algo como una respiración extraña y poderosa me sobresaltó en la nuca. Las mujeres se lo apuntan todo a su favor y ésta empezó a aventurarse por mi escalofrío, segura, posesiva, también irónica puede resultar una mano...

Olvidé la presencia misteriosa que me había asustado, cogido como estaba ahora en la fascinación de los dedos muy largos y afilados. Después de la batalla de la noche no me había privado de mirarla a la boca carnosa o a los pitones que se le marcaban en la pechera del mono ajustado, y sin embargo me daba no sé qué el mirar a la luz del día para aquellos dedos más indecentes y evocadores que cualquier otra cosa.

Pero en seguida volvimos a estar con decoro. Tampoco en los días siguientes nos tocamos como no fuese en la cama. En la cama sí; nos enzarzábamos nada más llegar al hotel; parece mentira la resistencia que uno tiene a esa edad. Creo que ella empezaba a disfrutar con sólo comprobar que yo estaba en forma, esa certeza de mi disponibilidad la llenaba de seguridad y de admiración mientras que a mí me parecía la cosa más normal del mundo. Después venía lo que venía. Mequinez es un recuerdo visual en una habitación ahogada por los espejos, mientras Kenifra me sonará siempre a un libro inagotable de variaciones, una noche tibia y perfumada de jazmines donde recorrimos de la A a la Z. Con una mujer así yo me olvidaba de todo y de Dios, cómo no iba a olvidarme del ingeniero. Pero ella se dormía en seguida como si con el gusto le hubieran dado el opio más fulminante. Y a mí me dejaba cavilando en lo mío, o sea en el otro, hasta que el sol empezaba a asomar por la Meca o por donde fuera.

«—A Antoine le gustaba mucho cenar así (sentados a una mesita, con poca luz, hablando con abandono y confianza) en el Bosque de Bolonia, ¿verdad que es encantador? ¡París y el bosque mezclados...! A menudo llegaba y me decía de improviso: Venga, nos vamos al Bosque... ¡Era un marido maravilloso!

»—No debía de ser difícil, con una mujer como usted.

»—¿Por qué?

»—Por que usted lo tiene todo: belleza, ingenio...

»—No vaya usted tan deprisa. No me conoce. A veces le di al pobre Antoine disgustos terribles.

»—¿De veras? Francamente, no me la imagino haciendo eso.

»—¡Sí! ¡Pobre Antoine! Tenía unos celos enfermizos. Yo, segura de mi fidelidad, jugaba algunas veces con fuego...»

Este diálogo, la verdad, no es exactamente el que tuvimos. Lo he leído más tarde en un libro Reno, de Maurois, y al leerlo me pareció que nosotros mismos habíamos estado hablando como en los libros o en el teatro. En Casablanca. Era un hotel internacional como puede haber en cualquier capital del mundo, con gentes a quienes no se les notaba la patria. La mesa discreta y alumbrada con velas en un rinconcito del comedor lujoso no suponía exactamente una novedad, con el plan de vida que nos gastábamos. Pero sí era distinto el tono de mi amante o protectora o lo que fuera, que se nivelaba con el mío.

Me dio alegría que ella hubiera estado en Burgos. Ya sé que su visión no pudo ser nunca como la mía cuando empiezo a descubrir las agujas de la catedral y luego el letrero de la fábrica de harinas de nuestra familia y las copas sobresaliendo en la arboleda del Espolón. Pero bastaba para unirnos, en estando en aquella lejanía y con los músicos tocando sus instrumentos de cuerda tan melancólicos... Le interesaba mi trabajo de fin de carrera, mis posibilidades de colocación y mis hermanas. El saber cómo eran y si trabajaban o se quedaban en casa. Yo llevaba casualmente un par de fotos entre los papeles.

—Son guapas —me dijo—, me parece que la alta y morena es la más joven, verdad.

—Sí, la más pequeña de todos los hermanos, yo creo que son monillas las dos, unas chicas corrientes.

—No, no, la más esbelta, ¿cuál es su nombre?, es una mujer muy chic, con esa silueta haría una buena modelo.

—A Veva lo que le gusta es el teatro. El de aficionados, por supuesto.

—Veva. ¿Genoveva? Me gusta que se llame como yo.

—Sí.

—Su mirada es inteligente. Y suena bien el diminutivo cariñoso. Veva.

Me las devolvió, las fotos, y echó mano a su bolso. Me vino una cosa idiota pensando que ella iba a corresponder de una manera parecida, o sea con sus fotografías familiares. Era un hormigueo de estar deseándolo y temiéndolo al mismo tiempo, y algo tenía que ver con lo que sentí alguna vez cuando ella me estaba viendo acostado sin nada encima o bajo la ducha, la rabia de no haberme puesto bastante moreno y a saber qué comparaciones haría, los ingenieros aunque sean maduros me parecían a mí una gente deportiva de bajar a las galerías y jugar a la pelota en los frontones del norte. Pero del bolso sacó el eterno paquete de cigarrillos. Sólo que en los últimos días apenas fumaba rubio y se había pasado al *Gitane,* desde que pudo encontrar unos cartones en alguna parte.

—*Madame Démencour* —vino un empleado—, *votre communication,* y que si quería que le trajeran un teléfono a la mesa o en la cabina de al lado.

Prefirió la discreción de la cabina, seguramente acolchada. No es que hubiera ruido en el salón salvo la música muy de fondo de la orquestina. Pero encontré natural que su conversación quisiera hacerla íntima y acaso larga, debía de ser bastante tiempo de ausencia.

Un dato así no debiera olvidarse, de verdad que no recuerdo si fueron seis los pernoctes o si fueron siete. Sí sé que aquella noche última la pasamos como hermanos.

Pero qué tontería, lo de como hermanos: como un verdadero matrimonio, cuando la mujer está mala o no les viene la gana o han tenido un disgusto.

Ella se acostó en la cama principal. Sobre el zumbido del aire acondicionado se escuchaban los movimientos de su desvelo, con lo bien que solía encontrar la postura y quedarse frita. La oí alcanzarse un vaso de agua, probablemente alguna pastilla. Yo no quería parecer indiscreto. Cuando en la cena volvió del teléfono, volvió más pronto de lo que yo pensaba. Se sentó nuevamente en frente de mí, y con un gesto de su mano (donde lucía una sola, pero delicada esmeralda) detuvo cualquier posible interrupción mía, como quien trae en la cabeza una idea que necesita fijar. Sacó su pequeña agenda de piel y se puso las gafas, eran sobrias y bifocales, creo que esas gafas no se las había puesto en todo el viaje. Cuando terminó de anotar, sí le pregunté si pasaba algo.

—Son gajes del oficio... —dijo ella con una voz grave y madura que en seguida dejó paso a una consigna, por no decir una orden—: Ahora tenemos que descansar. Saldremos antes de que amanezca.

La comparación esa de la revista seguía sirviendo, porque en *Marie-Claire* o en *Jours de France* ves también anuncios con mujeres serias y emprendedoras, presentando cosas como bolígrafos de oro, aguas de lavanda muy inocentes. La señora Démencour había dejado de perfumarse. Las últimas noches era un olor a fresco y a limpio, o sea olor a nada. Yo observaba los cambios, según nos íbamos acercando al final del viaje. En la cama, incluso, tenía el cuidado de no fatigarse del todo, y «Eso no, *s'il vous plaît*», que no la tocase demasiado los pechos. De manera que esta vez me tocó acostarme en el sofá-cama. En realidad, ahora que lo pensaba tranquilamente, ella nunca había querido hablarme de su marido: nunca de sus hijos, de nadie de su familia. En las otras noches, para poder justificarme y dormirme lo había supuesto —a él— entendiéndose con una secretaria de la Compañía. Lo imaginaba sobre el vientre (o bajo el vientre) danzante de una prostituta árabe. Y por qué no un depravado sexual, complaciéndose con un efebo... Pero en el descanso de ahora estrecho y mío, mío como en mi cuarto de hijo de familia o en la mili o en el colegio mayor, lo que yo sentía era una definitiva simpatía hacia el hombre que me había venido siguiendo... La satisfacción de poder ofrecerle, al menos, esta noche de lealtad y decencia. Supe de fijo que podríamos ser amigos. Que bastaría encontrarnos cara a cara para reconocernos y a pesar de todo chocarnos las manos, esos pactos enteros que sólo pueden hacerse entre hombres. Con un vaso en la mano. Junto a un tablero de ajedrez, en las tardes muy largas de Tarenduf...

El nombre de Tarenduf saltó, reconocible incluso para mí, en las noticias en árabe de Radio Rabat. Por la carretera de Casablanca a Marraquech corríamos como locos (yo ya no conducía el coche, ya nunca más conduciría aquel Peugeot), y a ella parecían sobrarle manos para el volante y el cigarrillo, para el volante y la sintonía cambiante de la radio, hasta que también la onda larga de France-Inter dijo Tarenduf y ahora en francés entendí lo de la explosión y los muertos. Sólo dos líneas o como deba decirse en la radio, porque tampoco es que fueran demasiados muertos, tengo yo observado que si son pocos, allá las familias, si son cincuenta hay pésame del Gobierno y si doscientos muertos el Santo Padre se retira a orar.

—Es estúpido —le oí como si se hablase a sí misma—; los accidentes son siempre estúpidos.

Pareció que nos lo hubiésemos dicho todo. Su pie seguía en el acelerador con valentía, con serenidad. La mañana marroquí estaba, por primera vez, más plateada que encendida de rojo. En la entrada de Marraquech intercambiamos las direcciones, nos despedimos con un beso cualquiera, la mochila volvía a mis hombros como en el puerto de Tánger, *Geneviève Démencour, Ingénieur-Directeur* leí en su tarjeta personal bajo el anagrama en relieve de la Compañía y el coche acababa de borrarse entre las palmeras.

CHARLY

Tenía los ojos de un gris descolorido y un poco bizcos. Tenía, o sea, tiene, un flequillo que le come la mitad de la frente. Y yo tenía que haber adivinado lo que me iba a suceder con él, claro que eso es fácil decirlo ahora. Le pasé la mano por el pelo y le pregunté si éramos amigos, igual que pude hacer otra cosa.

—No.

Que hombre, que si no me quería un poco.

—No.

Pero que si nada nada.

—Nada nada.

—Y no te acuerdas la otra tarde en la terraza, que te dije si querías mirar por el telescopio.

—No es un telescopio. Y además no me acuerdo.

—Pues allá tú, ¿oyes esos chicos que juegan abajo en el patio?, ellos sí son mis amigos —le mentí. Y también, aunque acaso se me notaba la torpeza—: Mira lo que tengo, adivina qué es y te lo regalo.

Entonces fue cuando intervino ella:

—Charly, hijo, cómo puedes tratar así a nuestro vecino. —Se corrigió—: Al señor... (aquí mi apellido). Vamos, haz las paces con él. Dale la mano ahora mismo, Charly.

Yo extendí mi mano. El niño echó atrás las suyas.

—¡Charly!

—Déjele usted, señora. La culpa la tenemos los mayores, somos nosotros los que nos ponemos pesados.

En el fondo, a mí el Charly me importaba un pito. La mamá y yo nos habíamos intercambiado algún favor de esos de puerta a puerta. Ahora coincidíamos en el rellano y fue ella la que se detuvo a darme las gracias por no sé qué pequeñez.

—De nada, disponga —reiteré muy fino. Me gustó mirarla tan de cerca, no sé por qué le encontraba yo un aire como de mujer que sufre vagamente—. Y adiós, Charly —concluí—. Con permiso.

Él dio un salto y se me puso delante. Lo hubiera podido apartar con un solo dedo, pero el aceptar un mínimo de broma me pareció de buena vecindad. Me eché a un lado para alcanzar la escalera. También ahora se adelantó como un rayo y allí estaba oponiéndose, desafiándome sin mover los párpados.

—Vamos, Charly, vamos... —suspiró ella. Era una voz consternada, pero con mimo.

Claro. Todo esto no puede contársele a nadie como una dificultad seria. Acaso fueron una decena de segundos y a mí me parecieron muy largos. Miré mi reloj de una manera condescendiente pero ostensible, era un gesto fácil de comprender, mejor si lo remachaba con una caricia donde hubiese ternura y un poco de autoridad. Pero el niño se sacudió mi mano como si fuese un tábano, retrocedió lo necesario para el impulso y vino con su cabeza casi albina contra mis partes. Ya en los peldaños, me volví para saludar. Quisiera llevarme la mano a ese sitio y en cambio allí estaba yo como destocando un sombrero inexistente, ella es una dama distinguida incluso en la intimidad que ya me habían dejado averiguar las ventanas del patio interior, y el niño mirándome con la rabia del cazador que ha perdido su presa. Reaccionó cuando yo iba por el primer descansillo bajando:

—No soy nada tuyo.

Vaya por Dios, me dije.

—No te quiero nada.

Qué le vamos a hacer.

—Ni siquiera te conozco, lárgate por ahí.

Anda y que te ondulen.

Pasé por delante de los periódicos y renuncié a echar el vistazo a los titulares de la mañana, me impacienté en el autobús. Hasta que al llegar a la oficina comprobé que aquella sensación de andar con retraso era falsa. Todo fue normal y exacto, empezando por los saludos sabidos de la entrada y terminando por los sabidos y cansados de la despedida: hasta mañana, *ciao,* sin olvidar el almuerzo descuidado en la trattoría. Al final de la jornada era menos de media tarde. Estábamos en primavera avanzada y los días no se acababan nunca. A toda Roma se la veía feliz de dejar el trabajo con pleno sol y marchar a las piscinas recién abiertas o incluso a las playas de Ostia, o de tiendas, o a sentarse en las terrazas de los cafés. Yo también estaba contento pero era por volver a casa. Como un marido reciente que tiene a la mujer esperándole, y es que yo me sentía casado con esta vivienda de ahora aunque esté en un palazzo ruinoso, llegar y cerrar la puerta y tenerla para mí solo con cada cosa en su sitio, mis buenos sillones de relax que todavía guardaban el olor a estreno de la tienda de muebles.

La bolsa que acababan de llenarme en el supermercado la posé junto a la puerta que pone «Brancoli» y la cartera la mantuve apretada bajo el brazo izquierdo mientras con la derecha metía la llave en la cerradura. Es una cerradura caprichosa, estaba en ello cuando adiviné que me miraban. Me volví y era él que me estaba mirando. Asomaba su cabeza por la puerta entreabierta y sin nombre frente a la mía, pero el cuerpo lo mantenía dentro, hasta que dije ¡Hola! y la puerta se cerró de golpe.

Unos días vacíos en cuanto a Charly y su madre habían ido pasando desde entonces. Nada que contar hasta una mañana de domingo con el conato de incendio en la cocina del segundo, cuando todos los del inmueble nos vimos asomados a la barandilla de la escalera. La otra vecina, somos tres en la misma planta, había sacado dos calderos con agua que al final resultaron innecesarios, y Charly se las compuso para volcar el más grande de manera que me alcanzase de sorpresa. Era un agua utilizada y sucia, y yo acababa de vestirme para salir al mercado de los coleccionistas de sellos.

—¡Charly!

La mamá se llevó las dos manos como a taparse los ojos. Aún tuve humor para ver que eran unas manos muy finas y deseables. Lo que yo tenía que hacer era entrar corriendo a secarme, pero siento horror por los mutis desairados y me quedé sonriendo, y que no era nada. Con prudencia, evitaba dirigirme a Charly. Él sí se dirigió a mí:

—El pantalón —dijo. Apuntando con el dedo hacia mi mejor pantalón, el de canutillo color beis claro.

Yo hice como que no había oído.

—Te has meado en el pantalón.

Ahora la mamá no dijo Charly ni nada, sólo una convulsión delicada y unos bonitos pechos del Piamonte bajo la bata entreabriéndose, lástima el frío del agua pegándose a mis muslos, resbalando y deteniéndose un poco en las rodillas.

—Eres viejo y te meas en el pantalón.

Renuncié al intercambio de sellos. Pasé el resto del domingo poniendo orden, enfocando los aumentos del catalejo sobre los alrededores o sentándome sin hacer nada. Hasta la hora de acostarme. Todavía por entonces dormía de un tirón como corresponde a un hombre tranquilo y razonablemente cansado. Todavía no habíamos llegado a que el chico me tuviese cada día la espera, a que yo modificara mis costumbres cuando él las tuvo aprendidas al dedillo, aquel trastorno de deambular tontamente media hora, una hora, retrasando el momento de volver a casa.

A veces era un mohín, la lengua, una pirueta burlona. Pero lo más probable es que la inspiración bajara sobre su cabeza demasiado grande y le asomara a los ojos y se vertiera en palabras como para llenar un diccionario de injurias. Me oí llamar pijo, testa de pijo. Me oí llamar tísico, una palabra que no se le ocurre a nigún chico de ahora. Me oí llamar cuatro ojos. Cuatro-ojos-y-no-ve.

La madre de Charly lo sabía, probablemente lo lamentaba. Pero me dolía un poco que no acabara de afirmar su reprobación, de decir que estaba de mi lado. Ahora las tardes eran cada vez más calurosas y yo podía atisbar por el patio sus deshabillés, y en alguna ocasión favorable, sus posturas sobre la colcha de dibujo confuso, fumando. Con Charly lo ensayé todo. Lo primero había sido la indiferencia, los niños terminan cansándose de fastidiar si no se les hace caso. Después le reí las gracias. Después traté de comprarlo; supe que una vez le había gustado un *dolcerama* que es un cartón con golosinas que venden en vía Condotti y allá me fui a vía Condotti por el *dolcerama*. El pollo cogía el regalo que fuera y se metía bruscamente en su casa, y también se metía en casa con un portazo si yo cambiaba de táctica y lo perseguía con la amenaza de un par de tortas, aunque siempre reaparecía con nuevos ánimos en la ocasión siguiente.

No podía romperle la cara. Esto es lo único que estaba claro, que yo no puedo romperle la cara a Charly mientras todos crean que Charly es un niño de cinco años.

Para las nieblas que se iban apoderando de mi cabeza pensé en ese amigo que nunca le falta a un hombre después de tantos años, incluso a un hombre tan apartado como yo. Era la angustia de si tendría que dejar esta casa donde por fin estoy a mi gusto, las noches de insomnio, ante la perspectiva negra de otra mudanza. Lo de decidirme por el médico fue el día que encontré a Charly con otros niños. Me puse pálido. No volvió a suceder porque Charly es muy independiente, pero Santo Dios si se le ocurría azuzarlos, recuerdo mis tiempos de rapaz en Spoleto, saliendo en pandillas nada más que a correr con vejaciones estúpidas a nuestras víctimas...

Usted no juega nunca, verdad, me soltó de pronto el especialista. Yo lo estaba escuchando con asombro porque llevábamos un rato y él no se interesaba lo más mínimo por las cosas que le refería del niño, como si lo del niño no fuese una causa clarísima. Unos miles de liras a los caballos, le contesté, y también por el fin de año a la lotería. Era una consulta de pago en un despacho con buenos muebles y librerías de manera que no estaba mal que se me diera una conferencia, lo lúdico, esta palabra es la que me dijo, la más hermosa actividad del hombre porque es la única que él mismo elige o sea sin estar obligado por cualquier necesidad inmediata. La lotería y el totocalcio y eso, también —condescendió como un profesor de buen carácter—, pero el juego hay que entenderlo sobre todo en lo que se hace con alguien y esto de con alguien lo recalcó mucho. ¿Pertenecía yo a algún club? ¿De fútbol?, le pregunté. Club, asociación, equipo —dijo él— y me da lo mismo que sea de fútbol o de jugadores de cartas o de amigos de las focas del Ártico. No, nada, y me sentí un paciente miserable. La política también es un juego. ¿Ejercía yo alguna actividad política? Hasta que se detuvo definitivamente en el sexo. Esto me pareció bien traído porque yo si me pongo a imaginar que estoy con una mujer, lo primero que pienso es en ese rato que se pasa jugando con ella. Quizá no tenía que haberme declarado tanto. La verdad es que le hablé como al confesor en el confesionario. Al final me recetó unas pastillas para tranquilizarme y otras contrarias para excitarme. De Charly no me aclaró ni una palabra.

El Charly estaba esperándome, naturalmente. Ahora ya solía esperarme en la acera. Entré en el portal, y él con su camisetilla de tirantes detrás de mí, yo no necesitaba mirar para saber que me seguía. Me pareció un alivio que la portera falte cada vez más de su garita. Pero estaban unos hombres de mono blanco, repintando sobre las últimas humedades.

—Tonto —me dijo.

—Tonto tú. —Decidí devolver la pelota.

Mientras, mis pies avanzaban sobre las baldosas que hubiera reconocido a ciegas. Y es verdad que a veces las andaba a ciegas para probar, esas bromas que me inventaba yo entonces. Cerraba los ojos si iba en un taxi y así viajaba calculando para abrirlos en el punto que previamente hubiera escogido. Corso de Italia, Porta Pía, abrir en el Policlínico, faltaba un pelo para el Policlínico, era plaza Fabrizio. Para mí solo lo inventaba.

Y ahora:

—Te falta un diente —me acusó Charly levantando la voz.

—A ti te faltan dos dientes —le repliqué.

—A ti te faltan dos dientes y todas las muelas —lanzó él como un rayo.

—A ti los sesos de la cabeza te faltan —y dibujé en el aire la forma de su cabeza.

—A ti te faltan en la cabeza desde que naciste —y él imitó el berreo de un recién nacido.

Los dos pintores nos miraron desde sus escalerillas de mano, a uno le vi yo cómo alzaba los hombros como si dijera a mí qué, y el chico y yo empezamos a remontar la escalera de mármol gastado, ahora el chico iba delante, subía unos peldaños más arriba que yo y allí esperaba a que se acortase la distancia.

—Enano —me dijo desde su altura.

No vacilé ni un instante:

—Macaco tú, que no mides ni una cuarta.

—Pero yo crezco todos los años y tú te estás encogiendo —me dijo.

Bueno, otra de aquellas bobadas, porque el doctor Molinari me ordenó que no le ocultase ninguna fantasía, era apostar a que por ejemplo la tercera mujer que se me cruce en la acera la voy a tener a mi merced para toda la noche, igual podía ser una vieja que ni estando loco, como caerme una chica estupenda.

—Y tienes sucios los puños de la camisa —volvió Charly a la carga.

—Eso sí que no —le dije, pero no pude evitar el mirarme con aprensión—, todas las mañanas me la pongo limpia.

—Mentira —dijo él—, llevas días con la misma camisa de rayas azules.

—Se pueden tener muchas camisas de rayas azules —le dije.

—Mentira podrida, las camisas se compran distintas para variar —me dijo—. Tacaño. Que vives tú solo en la casa para no gastar el dinero.

—Mejor con un gato que vivir contigo —le dije.

—Se moría de hambre el gato en tu casa —me dijo. Y también me dijo—: Cerdo.

—Tú cerdo desde que te levantas por la mañana —le dije.

—Tú puerco desde que naciste —me dijo.

—Tienes las orejas más negras que el carbón —le dije.

—Telas de araña es lo que tienes tú en las orejas de mono —me dijo.

—Y esas narices tuyas de no lavarte —le dije.

—Tú tienes el culo asqueroso de no limpiarte —me dijo.

Y le dije:

—Quisieras tener tú la cara tan limpia como tengo yo eso.

—Pero no soy calvo y tú te estás quedando sin pelo —me dijo.

—Y tú bizco que no se sabe para dónde miras —le dije.

Esto pareció afectarle. Se quedó con la mirada perdida, tembloroso, y yo empecé a arrepentirme. Fue sólo un momento, porque él ya estaba otra vez en su puesto:

—Pero ya no me hacen llevar las gafas y tú sí.

—Las llevo sólo cuando me da la gana, mira —y las quité y las metí con desdén en el bolsillo de arriba de la chaqueta.

Seguimos enzarzados y ya íbamos por el nivel del tercer piso. Pues fue a esa altura, sí, cuando ocurrió lo increíble. Él se paró, afirmado con insolencia sobre unas piernillas que a mí ya empezaban a parecerme enormes y hasta con pelos. Entonces arriesgó una vuelta completa de tuerca:

—Tramposa —me dijo. De-le-tre-an-do.

Todo el edificio se llenó de un silencio de humo y yo sentí un repentino sudor en el cuello. Una cosa así debe pasarle a uno cuando el florete del contrincante le alcanza la carne.

—Y deslenguada —se apresuró para arrebatarme mi turno.

Aún ahora me avergüenza recordar (pero no había ningún testigo) el tartamudeo rencoroso —«Tú eres..., tú eres...»— con que yo intentaba recobrarme. Él cuando subía un tramo lo hacía como un ratón ligero. Yo, resintiéndome, cada vez más, por la falta de fuelle. Pero pude juntar todas mis fuerzas:

—¡Tú eres la más golfa del barrio! —le arrojé a la cara, sabiendo que también yo cruzaba ahí el punto sin retorno.

Porque hay que reconocer que fue una idea diabólica, la que tuvo el tío al cambiar de género los insultos. Decir mamona, o decir apestosa, potenciaba terriblemente el asunto. Continuamos con este invento en nuestro propio rellano, él con las espaldas pegadas a su puerta mirándome de frente, yo mirándole de lado y manipulando con mi llave en la cerradura, pero sin demasiada prisa por acertar. Así durante un rato interminable, los dos solos, parecía que no hubiese ningún otro habitante en toda la casa ni en el mundo. Y no nos repetíamos ni por un descuido.

—Adiós, *chiachierona* —quedó él por encima, o sea el último en inventar cosas.

Nos separamos. Yo estaba cansado y un poco ardiente, y Charly, probablemente, también. En realidad, no sé cómo decirlo, había algo de satisfactorio en que por primera vez hubiéramos tenido una relación de igual a igual. Así empecé a convencerme de que Charly es un rival verdadero con el que se puede jugar, luchar. Y al fin, por qué iba a ser más indecoroso engañar a Charly que hacérselo a cualquier marido.

«¿Sabes?», me dice ahora la mamá mirando para la calle a través de los visillos, «ha sido una idea mandarlo al colegio.»

«Sí», digo yo.

«Es un niño difícil pero encantador, créeme, lo que ocurre es que se estaba criando solo, quiero decir sin ningún hombre en casa.»

O sea que ahora me toca a mí averiguar los horarios, vigilarle los pasos a Carlo. Desde una tarde en que faltaban dos horas para que volviese el autobús escolar y llamé a la puerta de al lado, y «Pase usted señor Brancoli» (todavía por mi apellido), «es usted muy galante trayéndome flores».

LA RESISTENCIA

—Así que entonces, usted fue de los que estuvieron con el destacamento. No sé de ningún otro que haya vuelto por aquí. Han pasado muchos años, no revolvamos en aquello. Tómese una copa.

—Se agradece —dice el forastero.

—Ahora se da uno cuenta de lo jóvenes que éramos. Tenía su emoción aquel riesgo de las noches preparatorias, cuando escapábamos de nuestras casas porque todo había que tenerlo calculado para no fallar. Y dice usted que no era ni oficial ni sargento.

—Escribiente —dice el forastero—. No he tirado un tiro en mi vida.

—Eso sale ganando. ¡A su salud!

—Salud.

—Recuerdo que tenían anunciado que iban a entrar a las cuatro en punto, con la soberbia de quien puede entrar cuando le dé la gana. Había carteles, habían publicado el bando. Llamamiento a la población sobre que la batería iba a entrar a las cuatro en punto y las normas de policía. Recuerdo que llegaron a las 5,15. Se dijo que iban a venir con sus cañones, ustedes los artilleros. Pero nosotros, si eran de artillería, como si fuesen de intendencia. Y tampoco fue tan espectacular. El alcalde que se adelanta sombrero en mano, se le veía digno pero con recelo, como si presintiera que iban a caerle problemas. Ellas, las chicas, estaban las muy tontas en primera fila, como en el baile esperando a que las sacasen. ¿Y dice usted...?

—Ya le he dicho —dice el forastero—, en las últimas casas del barrio del río.

—Había los desplazados, por entonces; de aquellas casas del río hoy no queda ni el rastro. Nosotros habíamos convenido no movernos de la terraza del café. Jugábamos al dominó, ya entre dos luces. Seguimos en nuestra posición conjurada pero la verdad es que estábamos con antenas como los saltamontes, teníamos muchos oídos, ojos en la nuca, no necesitábamos decirnos unos a otros que un capitán y dos tenientes. Los sub-tenientes eran tan jóvenes como nosotros. Nos fastidió que habiendo tres sitios en la plaza descubrieran tan pronto que el mejor café lo daban en el nuestro, la cafetera echaba chorros de vapor sobre una hilera de tazas. Nos ignoraban, revoloteaban, ya estaban con las chicas que se echaban atrás y adelante y se reían por todo. Los uniformes los traían a punto como si no llegaran de una marcha tan larga. Días después empezaron a salir algunas veces de paisano. Al bajito de bigote fino...

—El teniente segundo.

—Al bajito de bigote fino lo veíamos con una chaqueta sport con muchas trabillas. El capitán un traje completo gris a cuadros, y el cuello duro de la camisa. Seis oficiales en total, puesto que no había que contar a nuestros efectos a los suboficiales, clases y tropa.

—Ella —dice el forastero— no iba con los oficiales.

—Fueron unas semanas apretadas, burlar la vigilancia y deslizarse por calles, callejas, puertas falsas, agujeros que sólo los del pueblo sabíamos. Dormíamos poco, uno se despertaba un poco más hombre cada mañana, con la sensación de haber crecido algún centímetro durante la noche. Así llegamos al día de viernes santo, no me va a decir usted que no recuerda la fecha.

—¿Negro? —dice el forastero, ofreciendo de su cajetilla.

—No tengo el vicio. Fue un día largo, acaso no hacía ningún calor y a nosotros nos pesaban los trajes de fiesta y las corbatas, hasta la brillantina. Ni por un momento perdimos de vista el Museo, que lo habían requisado para cuartel, y la disposición de las armas y las entradas y salidas en el caserón con su bandera en el balcón de en medio. A la pared de enfrente le habíamos puesto una noche nuestra primera pintada, que ellos o sea ustedes, se apresuraron a borrar al toque de diana. Pero ahora lo que hacía falta era enterarse de sus movimientos, aunque la acción estaba prevista en otro objetivo.

—Tantos años...

—Nadie parecía sospechar nada, ni siquiera se habían dado cuenta de que no acompañábamos a las chicas, de lo misteriosos y apartadizos que andábamos. Pero esto del viernes santo cómo podían no verlo, el que no entrásemos de bar en bar para la costumbre de las almendras y la limonada. Luego a última hora, a la oscurecida, se necesitaban ánimos y fueron unas copas tris tras de aguardiente, de vermú, de la terrible mezcla de las dos cosas. Marchamos sediciosos, rampantes por el atajo hasta el atrio del convento. Ahí lo tiene usted, se ve desde cualquier punto del pueblo. La noche estaba templada, pero por una estrella que se viera había un montón de nubes oscuras. Seguro que allá adentro estaban en el tira y afloja de si salir o no salir la procesión, el temor por lo que pudiera pasarles a los mantos bordados. Los mantos los bordaban las chicas. Dice usted que se llamaba Lisa.

—Sí —dice el forastero—. El apellido no lo recuerdo, a lo mejor nunca me lo dijo.

—Hubo una Lisa que vino a casa de unos tíos, ahora que caigo, puede que fuese ella. La que era delgada, pero alta, es Alejandra. ¿Bailamos, Sandra? Pues el próximo no lo comprometas con nadie, Sandra, todo esto cuando vivíamos en paz y el baile del Círculo era nuestro y no teníamos que bajar la voz como si las paredes oyeran.

—Ahora me toca invitar a mí —dice el forastero.

—Bueno. El bajito de bigote fino...

—Teniente segundo.

—Él era diferente, las cosas como son, se acercó una tarde y lo que hizo fue ofrecer de su paquete de Camel. Nos faltaba el cuarto para el dominó y cómo íbamos a hacerle un feo. Luego alabó que aquí se cogen las fichas con educación, por el orden que toca. Pero este detalle no iba a quitar nada para nuestros planes. ¿En dónde habíamos quedado?

—En el atrio del convento.

—Por el cementerio del convento se sale al campo, y basta seguir subiendo para estar uno metido en el monte. Por allí nos quedamos agazapados, mirando para el cielo que se puso a mejorar de repente. Entonces tocó dos toques la corneta de la Tercera Orden y eso significaba que sí se iba a salir. Era el momento de actuar. No se oyó ninguna voz de mando, sólo un brazo que se levanta y señala la dirección que todos sabíamos. Entramos y pisábamos fuerte como una patrulla sobre las losas de la nave central de la iglesia. Allí estaban ellos, o sea ustedes, los invasores. Los señores de la Junta nos riñeron por el retraso, y que ya estaba la corneta a punto de dar los tres toques. Ellos con sus guantes, con sus armas enfundadas y codiciables que a nosotros se nos iban los ojos, se fueron poniendo alrededor de la Dolorosa. No sabían exactamente qué hacer. Nosotros lo sabíamos de toda la vida. Teníamos estudiado el golpe. Subimos por el altar mayor hasta la sacristía y nos pasamos en un santiamén las túnicas por la cabeza. Ahora había que incorporarse deprisa, los más jóvenes al San Juanín, los otros a la Verónica y lo mismo los del Ángel del Huerto, éstos que llevarían las andas y aquéllos para los faroles, menos de dos minutos y todos estábamos cada uno en su puesto. Pero todas las riquezas de la procesión no son más que anuncios y promesas de lo que viene a lo último, o sea la Dolorosa. La imagen principal, que es mucho honor el portearla. Bueno, pues entonces bajaron encapuchados desde las gradas del altar mayor Oravallo que era nuestro jefe, Tonino el del recaudador, Milonga que ya había venido de la Argentina, los dos hermanos de la tintorería y algunos otros, se les reconocía por los andares. De sorpresa apartaron a los oficiales, «¡Con permiso!», metieron el hombro y la Dolorosa echó adelante con una cara más llorosa que nunca. Todos echamos adelante. Pero hubo que parar a los dos pasos. El hermano ministro que es como lo llaman en la Tercera Orden, el hermano contador, los hermanos vocales de la Junta gritaban ¡vergüenza!, ¡atreverse en esta segunda Porciúncula! Que el Ejército es sagrado, y los militares estaban reaccionando y forcejeaban por cada varal de las andas, todo igualito a como lo teníamos en nuestros cálculos. A una señal de Oravallo sacamos lo mismo que las habíamos metido las túnicas por la cabeza; pero no sólo los de la Dolorosa, todos los implicados desde el primero hasta el último. Al quitar los antifaces nos quitamos el disimulo, aparecieron nuestras intenciones que muchos estaban viendo con asombro y en seguida con pánico. Hicimos estallar la bomba. O sea la huelga. Conque sin procesión hasta el año que viene, allí dejamos plantada a la Madonna y a los santos con todos sus implementos.

—Yo me había quedado en Mayoría, me acuerdo que en las maniobras hay que hacer muchos estadillos —dijo el forastero.

—Mejor para usted si no ha tirado nunca un tiro. Mientras duró el boicot que les hicimos a las del pueblo hubo una de Calabria a la que ni siquiera le supe el nombre. Una vez nos cuadró juntos en el cine y ya fue siempre. Y dice usted que era más o menos...

—Lisa, una chica morenita y menuda...

—Esta del cine que le digo era una mozona que estaba en Piedimonte y venía todos los domingos. Pero no llegamos a hablarnos nunca. Yo le ponía la mano en la teta izquierda, puede que un invierno entero se la haya estado poniendo. Pero esa Lisa no sé yo quién pudiera ser. Lo mismo anda por ahí cargada de familia.

EL POZO ENCERRADO

«Tienes dos caminos», me dijo Pepín Lamela desde detrás de su mesa, vencida por el desorden de los papeles y los códigos voluminosos. «Uno es que aceptes desde ahora mismo. Y el otro, menos airoso, pero también legal, que te disculpes con la salud o con un viaje inaplazable.» «No sería una falsedad», le dije, «es verdad que la llegada de las nieblas me perjudica y que tengo por ahí unos asuntos pendientes». Pero no debió de creerme. El abogado puso la misma cara cachazuda y componedora que siempre gastó su padre el abogado veterano. También influiría el despacho heredado, de estilo renacimiento español. Pepín sacó del cajón una pipa que acaso había estrenado don José, y encendiéndola sin ninguna prisa me habló como probablemente le hubiera hablado su padre a mi padre: «Ser albacea no es un plato de gusto, pero piensa que si el pobre Gayoso se acordó de ti al dejar dispuestas sus cosas...»

«Pero qué puede haber dejado el señor Baltasar Gayoso tras un empleo en la *Brow Boveri,* y además jubilándose antes de tiempo.»

«Pues por eso mismo», dijo Pepín. Y ya me pareció un definitivo reproche.

Ahora pienso que yo no necesitaba consejos morales. Que antes de limpiarme las suelas en el felpudo de la entrada de la consulta, sabía que no hubiera vuelto a dormir ni dos horas si le fuera desleal al señor Gayoso. Lo malo es que hace unas noches que tampoco pego un ojo por esta historia.

Era un hombre instruido el señor Gayoso. Un tipo extraño, en la forma del pañuelo saliendo del bolsillo de la americana, en los grandes cuadros insólitos de sus camisas, durante años, como si hubiera traído de América ropa destinada a sobrevivirle. Se trataba muy poco con los vecinos. En cambio, con cierta frecuencia recibía correo de fuera de España, y no sé por qué me entregaba a mí con un gesto predilecto y rápido los ángulos recortados del sobre, para la colección de sellos.

«Quiere usted venir conmigo a la viña», me dijo un día sin apearse de la barandilla del puente donde solía estar sentado por las mañanas leyendo, con susto para quien viera por primera vez aquel número de equilibrista. Me lo dijo con una voz uniforme, sin poner ningún signo de interrogación. «He recibido unos periódicos», añadió; «aunque las estampillas de los impresos valgan menos que las de las cartas».

Marchamos los dos juntos sin hablarnos una palabra, y había en la cabaña sellos de distinto valor facial. Cuando Gayoso no estaba enganchado por los pies en los hierros del puente, es que había marchado a su viña, aunque eran ganas, llamarle a aquello una viña. Allí se metía en la cabaña y nadie ha podido saber —salvo yo, después de su muerte— los quehaceres o vicios que ocupaban a un hombre tan solo e independiente. No era posible que se le perdonara en una villa de unos miles de almas. Donde no podían entrar los ojos y los pies, entraba la fantasía, también es verdad que la finquita limita por poniente con el cementerio, y sólo a dos pasos se alza el ábside carcomido de San Benito de Nurcia, con la fama de los cien esqueletos de la francesada y los ruidos y esas cosas que se sienten algunas noches del año.

Gayoso, a lo largo de confidencias más bien lacónicas, se revelaba contrario o por lo menos indiferente para su parentela de la montaña. Pero ha prevalecido el tirón de la sangre, y ahora que el hombre ha muerto, los llamados a heredarle son Gayoso, Gayoso Pedregal, Remolanes Gayoso. Bajaron en un Land Rover pagado a escote, pero luego han ido volviendo a verme por separado, en sus caballerías. Yo, el albacea, les explico las cosas de la mejor manera. Una casa en esta villa sita en la calle Padre Sarmiento número 16 de alto y bajo con un patio a su espalda ningún problema. Una huerta en esta villa al sitio de Caparrós de una cabida de ocho áreas y no sé cuantas centiáreas ningún problema. Y lo mismo los demás bienes. Es la viña la que me viene trayendo de cabeza para contentarlos en el reparto, el que de todo el capital sea eso, precisamente eso lo que encandila a los parientes del muerto. Total cuatro cepas con la cabaña y el pozo, en un paisaje, esto sí, que es una gloria para la mirada.

Pero no creo que a esta gente les interese el paisaje. Todo fue desde que vino Balbino, el que está casado con la más ruinzalla de las sobrinas de Gayoso, que aunque se puso a fingir no supo sostener el tipo por bastante tiempo, de manera que fue notársele el interés y encapricharse todos con esa hijuela. Empezó a crecer el deseo como si fuese un fuego. Desde fuera les alimentan el fuego a los interesados. El forense, que nunca se sabe si habla en serio o en broma, dice que Baltasar es nombre asirio y significa «el que guarda el tesoro». De mí mismo puedo decir que unas me iban y otras me venían hasta que vino a resolverlo la carta. Porque a qué acudía el señor Gayoso a la cabaña a las horas menos corrientes, por qué un hombre con idiomas y tantos viajes iba a estarse allí de gratis y bajo cerrojos, cuando ni siquiera se le conocía apaño con alguna mujer. Y sobre todo, la ocurrencia de mandar hacer la cabaña de manera que el pozo se quedara dentro, en el centro justo del recinto como si fuera un altar o algún monumento. Minas, alijos. Las riquezas enterradas de los romanos. Pero yo no quise profundizar allí por mi cuenta, ni que nadie meta las manos mientras no se haya rematado la testamentaría hasta el último pelo que manda la Ley.

En esas estábamos cuando ocurrió lo de la carta que digo. Llegó el cartero con la correspondencia, y entre mis propias cartas, como si fuese la cosa más natural del mundo, me había dejado un sobre del extranjero, dirigido con letra clara y alargada a *Mr. Baltasar Gayosso*. Esto de las dos eses me pareció una ortografía ennoblecedora. Las señas de Gayoso, a continuación, venían perfectamente correctas. No traía remite, y todo hacía pensar en un asunto personal y privado.

«¡Eh, Óscar!», quise detener al cartero.

No habla Óscar, no saluda, tira los objetos postales en donde puede y ya está en el final de la calle haciendo él solo el trabajo de cuatro repartidores.

Hace unos días, hubiera ido yo a consultar. Pero a Lamela el abogado lo noto harto, y en el propio Juzgado me han despedido casi con enfado cuando repetí preguntando esto y lo otro. Si se puede romper el candado de la carbonera anegada en la casa. Si procede recoger los boletines de la Sociedad Geodésica Mexicana que vienen contra reembolso.

Francamente, según fue creciendo el día pensé que no me disgustaría saber el contenido del sobre, al que le encontraba ese olor a mar que tanto nos gusta a los hombres de tierra adentro. Esperé a quedarme solo. Todavía esperé un poco más hasta verme en la impunidad de mi noche, que ahora suele ser una cueva de insomnio. Entonces rasgué el borde desatentamente, increíblemente a riesgo de estropear unos sellos gloriosos con el escudo de New Zealand y el centenario de Cook, el señor James Cook desembarcando de punta en blanco en una playa desierta. Sin ninguna lógica había echado la llave en la cerradura de mi dormitorio. A la luz del flexo de la mesa, la carta apareció firmada por una mujer, Margaret, aunque al final venía con la dirección el nombre completo, Margaret Campbell. Empecé a traducir despacio, con un esfuerzo que iba siendo vencido por el interés, a medida que los párrafos avanzaban:

«Cómo no voy a aceptar gustosa y hasta emocionada su gentil propuesta de que nos tratemos por nuestros nombres de pila (Christian names).»

Ciertamente, en el encabezamiento hay un «Querido señor Gayosso», inmediatamente corregido: «O sea querido Baltasar». Y sigue:

«Ha sido un regalo su última carta, esperada semana tras semana en el ferry que trae el correo desde la isla principal. Pero no exactamente una sorpresa. Yo esperaba este evento porque nunca jamás, ni en vida de mi difunto y recordado Mr. Campbell, llegué a sentir la noción cálida de cercanía que casi me sofoca al saberle a usted ahí, comunicable y concreto. Yo creo que ni una vida sumamente larga bastaría para mi agradecimiento a la Providencia, pero también a quienes fueron sus instrumentos: el Department of Lands and Survey, la cátedra de Geografía de nuestra University of Otago... Y por supuesto la tenacidad amistosa de la Esoteric Fraternity, que consiguió afinar hasta el punto exacto las mediciones. Oh, amigo mío, cuán hermoso es enlazar los designios de dos seres tan *en apariencia* alejados.» *(En apariencia,* viene subrayado en la carta.) Yo no era más que una niñita de cinco años cuando mi padre el reverendo Marlyle me sorprendió tendida sobre el césped junto al presbiterio con los ojos enrojecidos de querer perforar la tierra, los oídos tensos por la auscultación de las profundidades. Después, en los años del internado de New-Salford que acoge a las huérfanas de los hombres de iglesia (orphans, daughters of clergymen) la manzana del postre se convertía en globo terrestre, atravesado por el largo alfiler cuya cabeza de color rojo era yo misma; cuya punta, pasando por el centro de la esfera alcanzaba a un ser opuesto pero igualmente a la escucha... Ahora poseo la exacta situación de usted, en grados, minutos y segundos. Pero lo que me fascina es el terreno rojo de su *viñedo...»*

Evidentemente, el señor Baltasar Gayoso le había contado de su viñedo, y la señora Campbell le correspondía con el mismo término exagerado, así es como viene escrito en la carta.

«Su viñedo, imaginado desde este islote del Pacífico donde la vid y el vino son sólo frases de la Biblia, *Lavará en vino sus vestidos/y en la sangre de las uvas su ropa,* Génesis, 49,11. Y sobre todo la boca del pozo cuyo frescor me alcanza como si estuviera a sólo unos metros de donde le estoy escribiendo... Estoy sentada en la hierba, debajo mismo del sicómoro. La luz del día se está alejando poco a poco hacia el mar de Tasmania, pero habrá luna llena y a su luz yo podría seguir hilvanando palabras. No olvide que nuestras latitudes son idénticas pero de signo contrario, y que las estaciones y las horas están rigurosamente invertidas.»

Ahora soy yo el que no lo olvida. Van varios días y noches de mirar a cada paso el reloj, pensando en la correspondencia de las horas y de las estaciones en los continentes. Como si yo tuviera algo que ver con toda esta novelería.

«De manera que en este tiempo las noches de Oceanía son bellas, bellas hasta doler si una mujer está sola y siente. Pongo mi mano abierta sobre la tierra cálida y húmeda de neblina. Es muy excitante esta certeza de una línea recta que rompe la corteza del globo, luego son mantos de níquel resplandeciente, quién sabe si hermosuras magnéticas alumbradas por colores distintos a los conocidos del arco iris, y en el centro de la tierra lagos tranquilos como nuestro Wakatipu y músicas ambientales... Oh, Baltasar. Perdóneme estas fantasías un poco idealistas. Pero lo verdadero y seguro es que al cabo de 6.000 kilómetros —apenas nada, el salto que hacemos en avión para la boda o el funeral de un allegado—, está usted en este mismo instante al otro extremo del cable ideal, mi *único* correspondiente entre todos los seres de la creación. Le pienso. Le imagino. Le veo asomado al brocal determinado sin error por la ciencia, tanteando con su mano probablemente nervuda el comienzo ¡y el fin! de esa distancia que a su pozo no lo separa de mi sicómoro, porque los une pasando por el centro de la esfera...»

Son cinco hojas escritas por las dos caras, así se comprende lo de los varios sellos para el franqueo aéreo. Las he leído no sé cuantas veces, y en medio de los sentimientos digamos íntimos, la carta trae detalles que no dejan de tener interés, pienso que hacemos mal en no pararnos a pensar en esos archipiélagos tan perdidos del mapa. Ahora sé que el Día de Nueva Zelanda lo celebran el 6 de febrero, y que tienen un médico por cada 730 habitantes y un enfermero por cada 200. Todo tan romántico y bien redactado que parece que se está viendo y tocando a la mujer que lo escribe, también me había interesado en tiempos la grafología, estas eses ondulantes, la calidad del trazo y el vuelo tendido de las uves (Very exciting) como gaviotas. Así hasta los saludos finales, en espera de una respuesta. De una respuesta que el barco correo no podrá llevar, nunca, hasta la pequeña isla olvidada de la señora Campbell. Creo que deberé ponerle unas letras de cortesía a la señora Campbell.

«Usted puede hacer todo lo que haga falta en la herencia yacente», me riñe el juez. «Propiamente como si fuera usted mismo el difunto.»

El caso es que el sábado que viene es la feria mensual de ganado. Bajarán a la villa los Gayosos y voy a llevarlos allí para que se dejen de fantasías y vean que no hay nada de valor, pero sin calentarles más la cabeza, porque sabe Dios cómo les sonaría a estos de Caborcos de Mora lo de nuestros antípodas. Lo mejor será que me vendan a mí la dichosa viña, ahora que me encuentro en ella tan acompañado y a gusto.

EL CASO TIROLEONE

La historia de Bruno Merotto, la oí contar en la ocasión menos adecuada a semejante tema: un despacho de Lingüística de la Universidad de Perugia, o sea Perusa, entre humo de cigarros y bebidas con que se celebraba la despedida de la profesora Peterson.

Merotto había sido un niño corriente; aprendiz de confitero; un mozo como cualquier otro de una quinta del setenta y tantos. Cuentan —sobre todo ahora— que el mayor tiempo posible se lo dedicaba a la bicicleta. Pero lo de empecinarse en el ciclismo como «professionista», no como «dilettante», ocurrió exactamente a su regreso de la milicia.

Merotto volvió de la mili con el aire de quien acude a arreglar un asunto urgente. Con Peppo Guarnini lo tenía apalabrado, la vieja *Bianchi* más noventa y cinco mil liras, billete sobre billete, para pago de la que vendría de encargo, facturada en preferente desde la misma Roma, mil veces había imaginado en las guardias perezosas del cuartel el irle quitando poco a poco los listones, el cartón ondulado, la camisilla final del plástico con indicios de una parafina muy limpia.

Y así ocurrió en la realidad, idénticamente salvo que en tarifa exprés no les ponen la jaula de tabla.

Pagó y marchó pedaleando en la bicicleta nueva y ligera, derecho a casa del practicante Amadori.

Cuando éste acabó de poner un par de inyecciones y salía de su consulta que da al portal, Merotto se le acercó y le hizo ver la *Marzano* de competición, y en un vago gesto, los músculos de sus propios brazos y piernas.

«Me habló atropelladamente —había informado Amadori a la profesora Peterson—: Quiero ir de jefe de fila en el trofeo Amadori, en el comarcal y en la copa Dos Valles, y yo le iba a decir que si también en el Giro de Italia y en la Vuelta a Francia, qué menos, cuando justamente me llegó el periódico. Pasamos los dos a ese otro cuarto, que da también al portal, pero que como usted misma ha visto no tiene vitrina de instrumentos de cirugía menor ni mesa de curas.» En realidad es un cuarto que apenas tiene nada, un cierto olor a diferido y húmedo le había encontrado la Peterson. Amadori aquel día de marras se había acercado a la ventana y abrió la rendija justa para leer. Empezó leyendo para sí, pero poco a poco le fue ganando la vanidad:

«... preguntamos al presidente del Club de Tiroleone, señor Mario Amadori, presidente, entrenador, comisario técnico... Veamos, señor Mario Amadori, ¿cómo funcionó la I Marcha de los Tres Días del Paisaje Umbro?

»—La I Marcha de los Tres Días del Paisaje Umbro para mi modo de ver puedo asegurar que fue un ensayo fabuloso, que arraigará en nuestra querida región gracias al gran número de participantes y al comportamiento cívico-deportivo de los mismos.

»—¿Y a qué cree usted que se debe la afición al ciclismo routier en esa localidad, superior a lo que existe en poblaciones mucho más importantes?

»—En Stroncone, a dos pasos de aquí ha nacido la Nina Valmori y luego salieron muchas figuras de la canción moderna. Piediluco es el pueblo de los poetas. En Tiroleone si no tuvimos la honra de que naciera pasó parte de su infancia el fabuloso Brunero, y seguramente fue esto lo que promovió nuestra cantera autóctona.

»—Y ahora, gentil y caro señor Mario Amadori, para terminar: ¿Muchos problemas en cuanto a servicio mecánico?

»—Tengo entendido que los propios de una marcha, pinchazos, descentrado de ruedas... Pero debo decirle que mi cometido no es éste, debidamente cubierto por nuestro directivo señor Peppo Guarnini. Mi modesta dedicación al noble deporte de la bicicleta se enfoca desde el ángulo de la verdadera máquina, que es el hombre.»

Amadori, al fin, apartó el periódico para considerar al aspirante. Merotto le había estado escuchando de pie, con las piernas ligeramente arqueadas, enseñando cierta mezcla de arrogancia física y de timidez. Un italiano ni guapo ni feo, corriente de estatura, con una complexión proporcionada se deducía del retrato que nos esbozaba la investigadora, Karen Peterson, del Trinity College, en Arlington, Virginia. Imaginé la llegada desenvuelta de la Peterson a ese curioso Tiroleone con la libreta de notas, preguntando a todo el mundo, con el magnetófono colgado de sus hombros de amazona.

«De acuerdo —dijo Amadori cuando hubo doblado cuidadosamente el *Lazio Sportivo*—. Ahora debes declararte a ti mismo y declarármelo a mí: si estás convencido de entregarte, fíjate bien, en-tre-gar-te, al ciclismo activo-deportivo.»

«Lo estoy.»

«Si estarás dispuesto a sacrificios en el comer, en el beber... y desde luego en lo otro.»

«Lo estoy a eso y a lo que sea.»

Sonaba a la toma de juramento de una milicia secreta. Desde ese momento, el instructor sería un tirano para el profeso. Valía la pena porque Amadori ha sacado adelante a varias glorias locales, ahí está Tullio el ordenanza del Ayuntamiento, que en tiempos llegó a doméstico de Bartali. El practicante sabe todos los trucos, recetas que no vienen en ningún libro, las posiciones del cuerpo según haya que correr en el llano o en subida o en los trozos de sprint. Luego, en fin, sólo él en Tiroleone posee la llave de los contactos. A él le llegan las cartas de los organismos, a la Federación nadie más que él puede proponer candidatos.

«Conque veo al muchacho» (Amadori a la profesora Peterson) «y le saco una medición rápida y a ojo. Mire usted, señora, o a lo mejor es señorita, lo digo con todo respeto: Me bastó aquella ojeada para calibrar al chico como brevilíneo. Sólo había que fijarse en el desarrollo de las extremidades tanto superiores como inferiores, notoriamente menor que el desarrollo del tronco. Conozco el tipo. Lo contrario que los longilíneos, que son vivos y sueltos pero unas rosas de pitiminí, se ponen nerviosos y están perdidos. Los del género Merotto no se emocionan por nada, son lentos como bueyes para asimilar pero lo asimilan para siempre. Se lo traduje a él para que me entendiera: De correr en pista, muchacho, éste que suscribe no quiere saber nada, eso es deporte de invernadero; nos queda decidir si vamos para velocista o para escalador. El brevilíneo, mi querida señora, no es ágil, pero tiene lo que se quiera de resistente. Así que, escalador. El chico renunció a las horas extras salvo los sábados y vísperas de fiesta que son de mucho apuro en la pastelería, aquí conmigo se pasaba todo su tiempo libre y en las salidas que hacíamos a las afueras. Yo le enseñé la buena posición, sin la cual jamás sería un grimpeur eficaz y hasta quedaría perjudicada la estética. Yo le descubrí la importancia de distribuir el peso del cuerpo, y el baricentro del cuerpo y la malicia de oponer a la presión del aire la menor superficie posible del cuerpo. ¿Usted me comprende?»

«Le comprendo muy bien, señor Amadori —le decía la americana—, lo explica usted adecuadamente.» El caso es que Merotto llegó a entre Escila y Caribdis...

—Hermosa alianza, señorita Peterson —dijo el vicedecano, que no había querido faltar a la despedida de la profesora—, la erudición clásica y el deporte popular.

—¡Pero si es el lenguaje del señor Amadori! —protestó ella con una risa muy saludable.

Entre Escila y Caribdis se vio Merotto, por culpa de un error que no había manera de vencer. La profesora Peterson trató de metérnoslo a nosotros en la cabeza: Cuando el pedal estaba abajo, Merotto obligaba a los músculos que flexionan la pierna sobre el muslo a extenderse excesivamente. Y a pedal alto, casi peor, porque el muslo lo comprimía contra la ingle y el abdomen como en un instinto de autodefensa, resistente a todos los consejos, a todas las prédicas y amenazas. Con lo que limitaba el movimiento de los pedales. O sea, la tensión muscular. «En fin, para que me entiendan ustedes: la fuerza del pedaleo.»

—Yo no estoy seguro de haber entendido —dijo el estructuralista Gronzzi—. Sospecho que tengo una inteligencia brevilínea.

La del Trinity College le pasó la mano a Gronzzi por la calva, entre la complacencia amistosa de todos. Probablemente tiene Karen los ojos bonitos, me parece recordar que un pelo abundante que puede caerle por la frente, si no es que le invade las mejillas y entonces se sacude la cabeza y hace una cascada rojiza. Pues eso apenas es nada. Sólo complementos, accesorios alrededor del centro único que es su boca memorable, de gruesos labios fácilmente entreabiertos. La boca de Karen que no consiguen perjudicar unos dientes quizá demasiado ostensibles, un poco desiguales. Pero blanquísimos. Alguien le había hablado de «el caso Tiroleone» para lo de su tesis sobre el lenguaje ciclista. Llegó al pueblo y entró en un bar de la plaza justo cuando la televisión transmitía una etapa de la carrera París-Bruselas. Un montón de italianos y ni uno solo se volvió a mirarla a ella. Entonces pensó con preocupación fraterna en las mujeres del lugar. Pero también era la comprobación de que no la habían engañado; sólo el apañar unas cuantas novedades, dijo, valía el viaje, y lo que había encontrado en aquella ciudad insólita era una verdadera mina. El *pividone* es una pieza del manillar que en ningún otro sitio la llaman así, pero aún más bonito es que a los corredores modestos y gregarios les llaman *mangueli.* Y para el acto de demarraje —son sólo unos ejemplos— dicen más bien *revilvare,* sobre todo cuando ocurre en terreno ondulado de manera que el corredor y su montura parece que van dando botes...

«Merotto, muchacho —imploraba el señor Amadori—: escúchame bien ¡por los siete puñales de la Madonna! Tienes que hacerlo repentinamente, fíjate que hasta te digo violentamente, así es como debes pasar de una velocidad moderada a una velocidad elevada si quieres salir revilvando.» Y venga de repasar las tablas sagradas de los teóricos, como no había tenido que hacer con ningún otro educando. Elevó el sillín. Bajó el sillín. Emplazó el sillín a la altura justa para que colocando la punta de la zapatilla en el calapié, a pedal bajo, la pierna hiciera un ángulo de 175 grados. Pero el muslo. Pero la ingle. ¡Pero el conflicto del muslo y de la ingle de Merotto con el sillín! Entonces fue cuando decidió el masaje.

«¿Desnudo hasta abajo?», se inquietó Merotto.

«Igual que te parió tu madre», sentenció Amadori, y ya Merotto se iba quitando los guantes de dedos libres, las zapatillas ligeras y los calcetines de lana, el maillot pegado al cuerpo por el sudor a chorros. Al fin, el calzón deportivo, púdicamente reforzado con piel de gamuza. «¿Listo?», preguntó Amadori con desabrimiento. Estaba cansado Amadori. En los primeros días se había ido del pico, por los «círculos especializados» —como escribe *El Lazio*...—, deslumbrado por la fortaleza de aquel futuro rey de la montaña. Y por otra parte, la confianza ciega que se depositaba en él, la mirada incondicional del confitero que le seguía todos los movimientos como un perro fiel y, sin embargo, orgulloso. Se suavizó un poco: «Tranquilo muchacho, respíreme bien relajado, sin ruido, que no le oiga yo la respiración. Dejé de oírle la respiración y ni el vuelo de una mosca —dice Amadori—. Yo estaba de espaldas a la mesa, escogiendo en los frascos de esa vitrina facultativa, tengo alcanfor, tengo aceite de oliva, tengo trementina, recuerdo que por fin el aceite de oliva, hasta que me di la vuelta para encarar a Merotto en cueros, con perdón.»

Amadori lleva toda su vida enseñando a otros a controlarse, pero él se sobresaltó. Cogió una toalla, y como al desgaire, la echó sobre el lugar conflictivo. Luego masajeó un poco los músculos del tórax, de las piernas y de los brazos, como quien cumple un trámite sin esperanza.

Estaba el secreto profesional de Amadori jurado según Hipócrates, dijo Karen, que parecía haber entrado en una vaga ternura.

Titubeó antes de seguir.

Claro que, la revelación, había acaecido más que ante el practicante Amadori, ante el comisario técnico Amadori. Y a éste le resultaba duro, hay que reconocerlo, el descrédito frente al club por un fracaso tan ajeno a sus responsabilidades. A Guarnini al menos había que decírselo. Y luego Guarnini... El pueblo entero se puso a rebuscar claves y señales. Los mozos de su edad no recordaban a Merotto como un superclase en los vagones de la vía muerta, donde los chicos ociosos apostaban a medírsela con monedas puestas en fila. Ni en el río, cuando se bañaban sin taparrabos. «¿Y en el baile, pero es que las chicas no le notaban esa impedimenta en el baile?» El oficial de la pastelería no bailaba, si llovía demasiado para la carretera se metía en el cine... Es verdad que ahora las mujeres lo miran golosas al cruzarse. Las peores —lo confesó el propio Merotto, cuando la investigadora Peterson hubo ganado al fin su confianza—, las más descaradas son las casadas jóvenes. Pero él anda apagado y triste porque para un hombre de Tiroleone esa prepotencia viril no es comparable al hurra clamoroso, al acoso de los fotógrafos cuando la rueda delantera del líder avasalla la meta. Y el señor Mario Amadori lo ha desengañado sinceramente. Definitivamente:

«Pero cómo ibas a hacer el ángulo correcto, criatura, lo que no sé es cómo no te salías por la pernera del culotte...»

Nos reímos todos.

Pero más de una vez tengo observado yo que las risas de los hombres son risas de conejo cuando se habla de nuestras medidas íntimas, por eso no me extrañó que al cabo de algunas bromas se cambiara de tema. Karen, que no conseguía disimular una interior ausencia, miró de pronto el reloj con una expresión americana de sorpresa y empezó a desplegar su cuerpo como una bandera hasta ponerse de pie. Era el adiós definitivo, y nos acogió a todos en una sonrisa muy ancha. Regresaba a Virginia con su disertación en el portafolios flamante, pero dijo que aún pasaría por «ese piccolo Tiroleone», a saber qué idea llevaría la profesora.

UNA NOVELA BRASILEÑA

O Capitão do Exército Agenor Araújo de Medeiros, 39 anos, foi assassinado no final da noite ao tentar reagir a um assalto na Rua Bertolini, próxima à Praia Branca, em Guanabara. O militar estava no seu carro em companhia de Palmira Fernandes Oliveira quando dois criminosos surgiram de arma em punho. Agenor morreu antes de ser socorrido no Hospital Bom Jesus da Estrela. Era casado com Fernanda Valéria Martins Costa com quem tinha uma filha de sete anos. A ocorrência ficou registrada.

LA VENGANZA

Que un hombre que está en la fosa o sea en el panteón se siga riendo de uno no hay cosa que me dé más rabia, todavía estoy viéndole la cara alargada, el chivo de don Máximo Narayola, y en la cara los ojos como brasas que se comían a Rosalía. Ahora aquellos ojos se los habrán comido a él los gusanos pero yo sé que siguen riéndose esas veces aunque no sean todas gracias a Dios, cuando estando en la cama me recuerdo y no hay nada que hacer, por mucho que Rosalía...

—Pero qué te pasa a ti, hombre, así sois todos que en seguida se os pasa el capricho.

Yo, callado.

—Claro, ahora los hombres las que queráis, a saber las ocasiones que tendréis cada día los conductores de un coche de línea.

Los cobradores, puede ser. Pero callado.

—No seas bobín, anda, toma esto, pues no te ponías tú bueno con sólo por el escote.

Rosalía fue la mejor hembra de nuestro pueblo y todavía les puede a muchas de casada, eso es un orgullo para el hombre que se lleva el gato al agua pero también acaba trayendo cabreos: el pensamiento de don Máximo, con su perilla recortada y canosa, que de vez en cuando se me pone delante del parabrisas o se aparece en el papel con flores que le hemos puesto a la habitación para hacernos la idea de que no es una habitación heredada.

Apuesto cualquier cosa a que el tío descubrió pronto lo de Rosalía. Que nada más verla de niña. Don Máximo sería un cabroncete fisgón pero todos dicen que más listo que Dios, nada más echarle el ojo a Rosalía tuvo que verle por los andares el desarrollo que iba a tener cuando se hiciera mayor. La tiene que haber mirado cantidad de veces al pasar la chica viniendo de la Presa, con esa mirada suya que si no le han partido la cara es por lo que fueron en tiempos los Narayolas y también por lo de solitario y un pobre loco.

Rosalía jura que jamás en la vida cruzó una palabra con ese señor.

—No tiene usted que jurar nada, señora —le dijo el juez, y eso que Rosalía era todavía una chica soltera—, lo único que tiene usted que hacer es ratificarse en la diligencia.

Esos términos de los jueces y los abogados. Yo me hubiera echado para atrás si no estuviéramos amonestados del domingo anterior, compuesta y sin novio la hubiera dejado. Otra cosa sería que uno tuviera un oficio más oculto, y no el de ir y venir por donde te conocen todos, sentado en la cabina del Pegaso como quien está de exposición en un escaparate.

—A mí no me importa nada en teniendo la conciencia tranquila —dijo ella, con esa afición suya de hacer la cruz y te lo juro por éstas.

—Pero y los demás.

—A los demás que les den por ese sitio.

Bueno. Ella lo dijo más claro, o sea el sitio con todas las letras. La lengua de las Martechas de junto al río.

«Se prohíbe hablar con el conductor.» Pero la gente no sabe lo que habla el conductor de un coche de línea para sus adentros. Fue un tole tole, aunque a mí no se me dirigieran bien sabía yo de lo que iban los comentarios. Exageraban sobre todo en cosa de alhajas y del dinero. Yo pude ver y tocar el capital porque ya se me respetaba como a un marido, y luego los papeles llenos de firmas de los testigos y de pólizas, era un tarro que fue de ciruelas en almíbar conteniendo 8.530 pesetas, cantidad de ellas en moneda fraccionaria, más un saldo en la libreta del Banco. Pero es de locos lo que cuesta el sepelio y si es un arcón de castaño con los apliques. Todo estaba en el inventario, estantería con más o menos ochocientos libros, mesa escritorio provista de quinqué y escribanía, pistola antigua que no puede considerarse como arma útil, así mueble por mueble y cacharro por cacharro, aquí en la memoria se me quedó por la manera que tiene esa gente de escribir las cosas.

—Yo no firmo nada sin que tú entres conforme —Rosalía haciéndose la mística.

—Tienes padre y madre —dije yo—, a mí en esto no me toca ningún cuidado.

—La interesada es mayor de edad —dijo el juez—, ella no necesita de ustedes y puede obrar como quiera.

Lo que yo no acababa de entender es el porqué de que nos hubiera caído a nosotros, o sea a la que iba a ser mi mujer. Y que no haya alguna ley castigando que se use el nombre de otro sin el consentimiento. A don Máximo Narayola o de Narayola, lo llevé una vez de pasajero, una sola en los años que estoy en la Rápida. Me recuerdo porque fue subirse él y quedarse en silencio el autobús, cuando de continuo es un gallinero en estas líneas donde todo el personal se conoce. La historia de los Narayolas dice don Jaime el corresponsal de *El Faro* que es el mismo caso del venir a menos de España. Los antepasados del difunto, en tiempos, mandaron hacer el altar dorado de la parroquia, otros trajeron la escuela de sordomudos y la de artesanos, pero después ya andaban en hipotecas y en almonedas hasta dar en este último Narayola donde se les acaba la raza, si sigue viviendo un poco más ya no hubiese tenido dónde caerse muerto. Bueno, en eso es previsora esta gente, que aunque no coman siempre tienen a mano sus buenos mármoles. Pero sigue royéndome aquí en los sesos lo de Rosalía. Y además. ¿Cómo pudo saberle el tipo el segundo apellido? Si no lo había sabido yo, después de años de relaciones. Lo del papel de puño y letra hay que reconocer que tiene buena redacción y el detalle del sobre lacrado a su señoría, el señor juez que intervenga en la causa. Cien veces me lo he leído todo, porque si alguna pista o sospecha afecta al interesado, marido de la interesada, tiene que estar ahí entre los conceptos de un hombre que está pensando en la muerte. Lo primero es la plena posesión de las facultades mentales, pero eso lo dice cualquiera, hasta un loco de atar se pensará que los demás son los locos. O sea que hallándome en la plenitud, etcétera, la casa número 17 de la calle Real. Todos los bienes muebles y valores que pueda haber de puertas adentro en la susodicha casa, más la libreta del Monte de Piedad más dos títulos de la Deuda depositados en el mismo establecimiento de crédito, y aquí el nombre completo de la Rosalía, se da usted cuenta, doña Rosalía Martecho González, y nada más la condición de las dos docenas de crisantemos todos los años en el día de San Máximo Obispo que cae el 7 de enero, eso es lo que decía pero con más ringorrangos.

—Algo tiene que haber aquí, te digo —le decía yo como un martillo pilón a la que iba a ser mi señora.

Y ella:

—Pues a ver tú, que eres tan listo, a ver si sacas el acertijo.

—¿Pero es que nunca habías tenido confianzas con él, que nunca tienes entrado en su casa, a lo mejor para hacerle un recado?

—No estarás pensando alguna gochada. Además que podía ser de sobra mi padre.

Me vino como un rayo de luz esta palabra. Hay que reconocer que sería lo más propio, según ocurre en cualquier historia de testamentos. Se lo dije a Rosalía. Ella se echó a reír casi encima de mí, con sus pechos subiendo y bajando a dos centímetros de mi boca. Se paró de repente, y con cara de guardia me dijo que no fuera a enterarse su madre, a no ser que estuviera yo con ganas de dejar este mundo. Tanto, no, pero sí un poco harto de las coñas, y «Que sea enhorabuena», «Eso sí que es un regalo de boda», «¡Y de un invitado que no hace gasto!» Lo de que fuera un regalo estaba por ver, las pagas extraordinarias y a veces las otras se nos van en papeles para el registrador o el notario, los impuestos por aquí y por allá, todo por una casa vieja y de poco servicio que ni siquiera puede tirarse porque no dejan los de Bellas Artes. Los libros vino uno de fuera y los compró al peso. Los trajes y demás indumentos e incluso las navajas de afeitar yo ni tocar por nada del mundo. Sólo me avine en coger los gemelos y esto por no exagerar los desaires contra un difunto. Mi señora parece que habla de él hasta con un poco de cariño, usted qué me aconseja, ahora estoy viendo que se echa encima el día del santo y el papelón de ir ella sola con las flores a la capilla donde está el viejo con todos los Narayolas, es lo que se explicaba ce por be en los papeles ológrafos.

Claro, comprendo que en esto es difícil dar el consejo y que tiene que arreglárselas uno mismo. Mire. Desde que empecé a ser novio de Rosalía, siempre que pasábamos por delante estaba don Máximo en su puerta bajo el escudo medio vencido, como si estuviera a la espera. Aquí soy yo el que tengo que confesarme. Me gustaba pasársela por delante de las narices. Me parece que esto no se lo he dicho a nadie pero hacía por pararme un poco, a encender con calma un cigarro, y me daba gusto ser joven y fuerte, y del barrio de abajo, frente al último aristócrata de la calle Real. Con ella yo no hacía ningún comentario. Pero sé que me lo adivinaba. Andaba más provocadora que nunca, a las mujeres les gusta jugar con fuego. Una vez, al fin, lo vi a él tan entrometido, con aquellos ojos como garfios, y una mirada tan golosa que no pude contenerme y delante mismo de su barbita afilada le hice ese corte que ningún hombre que sea hombre puede aguantar. Él lo aguantó, y pensé que todo lo que le echaran. Pero me miró con el mismo orgullo que tiene el Narayola de hace mil años que está en la estatua de la plaza, y todos los otros Narayolas, en los retratos de la escuela de artes y oficios. Luego echó una risita corta como un puñal que jurara vengarse, pero qué miedo iba a tenerle yo por entonces a sus venganzas, si me respondía la hombría con sólo que Rosalía se me arrimara. Me recuerdo de Rosalía tirando de mí, de manera que lo dejé al don Máximo Narayola porque yo no sabía de herencias póstumas, la culpa es mía por olvidar que hasta arruinados o muertos siempre quedan por encima los mismos.

CLARA Y EL ROMANO

—Espera —se le ocurrió a ella cuando llevaban un rato hablando.

Con una de sus manos sostuvo el escudo de la sábana contra los pechos no del todo desnudos y el otro brazo lo alargó hasta el interruptor de la lámpara, en el dormitorio burgués donde la inquietaba sentirse mirada por los retratos. Se quedaron en una media luz. Los testigos se fueron borrando.

—Ya te dije que hubo un hombre, el primero, pero poco va a servirte para esta manía tuya de saber mis secretos. Si ni siquiera llegamos a tocarnos.

—Os escribíais.

—No.

—¿Entonces?

—Él era mucho mayor.

—Como quien dice, tu padre.

—Tanto no. Pero a aquella edad nuestra se notaba mucho.

—A las chicas les gustan los hombres mayores.

—Fue un amor sólo mío, apuesto a que él no lo supo nunca.

—Tu amor platónico.

—Yo estaba muy piadosa, por entonces saltábamos de una devoción a otra. El bautizar chinitos que les poníamos los nombres que nos gustaban, Orlando, Fabrizio, empezó a parecernos impropio.

—Impropio por qué.
—Ahora que llevábamos medias.
—De colegialas.
—De verdad. Medias de nailon.
—Y bien.
—En el apostolado de la oración daban a escoger entre un credo los siete días de la semana y un rosario cada semana y no sé qué otra mortificación al mes. Pero lo máximo era lo de joven reparadora.
—¿Reparadora?
—Lo máximo en el siglo, nos decía el capellán don Vittorio, para las que no alcanzásemos a hacer los votos. María Rossi, precisamente la hermana de Luigi Rossi...
—O sea *él*.
—Sí, María Rossi era una niña muy alegre y quería ser o bailarina o monja, animaba a que nos metiéramos monjas si lo hacíamos todas en el mismo convento y en el mismo día.
—¿Y tú?
—Si no fuera el tener que ducharse con agua fría. Quién sabe si no poder ni siquiera ducharse. Lo de pasarme de rodillas unos ratos larguísimos, sí, eso yo ya lo estaba haciendo.
—En el reclinatorio.
—Y contra el mármol, en las tardes más pecadoras de los domingos. Lo más hermoso era la sensación de cosa inmediata. El que estuviéramos reparando los pecados que se cometían en aquellos mismos momentos.
—Pero en qué pecados pensabais.
—Eso no había que pensarlo. Todo lo que hacía sufrir al Señor.
—Y ese Luigi.
—Fue aquel otoño cuando se produjo la llegada del ingeniero Capucci. Un acontecimiento, yo no sé si tú sabes lo que es un pueblo. De un furgón de mudanzas bajaron muebles, un columpio para el

jardín de la casa alquilada y baúles con vestidos que luego irían saliendo poco a poco, como para morirse de envidia. Eran cinco niñas Capucci.

—Por ejemplo.

—Todas rubias, todas altas para la edad, empezando en los diecinueve años y terminando en las dos pequeñas gemelas. En mi clase entró la segunda, la menos guapa de cara. Pero traía también el acento elegante del Véneto, y aquella manera simpática de sentarse como un chico, de pillar al momento las manías de los profesores para imitarlos.

—La mayor sería una mujer.

—Roxana. Se hizo novia en seguida de Luigi Rossi. A todos les pareció natural.

—Menos a Claretta —y la mujer se estremeció al oír su nombre de niña.

—Casi hubiera sido un contrasentido —dijo ella— que Luigi tan deportista y elegante, el chico más guapo del pueblo y la primera de las Capucci con aquel aire de princesa no se hicieran novios. Yo no sentí, entonces, ninguna puñalada en el corazón. Sentí un arañazo que me daba un gusto muy dulce y me hacía sonreír por dentro, orgullosa de mi fortaleza.

—Eso te lo creo.

—Yo no te miento nunca.

—Si voy y vengo para verte es por algo. Conque cinco princesas rubias.

—No, las otras no tanto. Olga además de sentarse como los chicos era mandona. Disfrutó de las ventajas de la novedad pero esto se iba pasando al cabo de unas semanas, le había cogido el gusto a ser la protagonista en todo y se puso a hacernos confidencias, yo creo que quería asombrarnos y exageraba.

—En qué crees que exageraba.

—En la experiencia, sus líos por todas las ciudades donde había vivido. La verdad es que estaba muy desarrollada de cuerpo, o mejor dicho, estaba desarrollada de una manera diferente...

—¿Diferente?

—Bien, sí, como de haber pasado por las manos de muchos chicos. Yo creo que eso se nota.

—En qué.

—No sé, en el repuntamiento mismo del pecho.

—Una buena pieza.

—En Roxana no cabía ni imaginar esas cosas, andaba por la calle y parecía que llevase un poco de sol en el pelo.

—Sois románticas las de Umbría.

—No debes burlarte. Los romanos sois un poco... no sé. A veces te veo una mirada tan fría.

—Eres hermosa —y no es difícil que el hombre fuese sincero.

Podría haberle pasado la mano por el pelo reciente. A un romano lo conmueven los cuidados que una mujer tiene para dedicárselos al amante, la abnegación de acostarse y arruinar el peinado después de una mañana de peluquería.

—Seguro que para Roxana Capucci el amor no era hacer marranadas en el portal o en el cine, eso era lo que todas pensábamos de Roxana.

—¿Y besos?

—Bueno, pero no el truco que nos enseñó Olga, para que un beso no sea un beso corriente.

—Jugabais.

—Cómo no íbamos a jugar si éramos unas niñas.

—Tú me has dicho que fuiste mujer muy pronto.

—Las niñas reparadoras nos habíamos quedado en un grupito muy pequeño, María la hermana de Luigi, yo y dos o tres más. Sería precioso que se hubiera apuntado Roxana, si parece que con su tipo estaba pidiendo el uniforme blanco. Yo, en cambio, creía que de allí no iba a marcharme nunca. Al final de la tarde nos encerrábamos en la capilla, rezábamos deprisa para que nuestra oración no llegase más tarde que los pecados que se estaban haciendo en París o en Río de Janeiro y en sitios así, los sitios más perdidos del mundo. Olga nos estaba esperando un día. Habría agotado ya sus propias hazañas, es lo que pensé cuando empezó a contar de Roxana y de Luigi. Como un relámpago comprendí que tenía que decidir entre escuchar a Olga o marcharme, que según lo que escogiera me iba a alegrar o arrepentir durante toda la vida.

—Y te quedaste.

—La noche pasada, nos dijo Olga, se le había ocurrido a ella bajar al pabellón de entre los sauces, donde guardaba su padre las muestras de los minerales y las plantas. El lugar lo conocíamos todas las niñas desde que habían venido los Capucci. La mamá era una señora muy distinguida. Roxana se le parecía mucho, la señora Capucci nos invitaba a merendar el té con tostadas pero sin entrar en la casa, sólo en el jardín donde habían instalado los juegos. Pues allí encerrados en el pabellón estaban los dos tórtolos haciendo sus cosas.

—Eso es muy vago. ¡Sus cosas!

—Y la blusa roja de Roxana, la de seda salvaje, precisaba Olga, muy colocadita encima de la bombilla que daba como una luz indirecta por todo el cuarto.

Ahora el romano no dijo nada.

Ella no dijo nada, como si no hablase más que pinchada por las palabras del hombre.

Era una tarde lluviosa y lenta, la alcoba debía de mirar al norte y estaba un poco fría, pero la ropa de la cama empezaba a sobrarles, bordada y limpia. El hombre se alcanzó el cenicero que ya tenía aprendido, *Ricordo de Nápoli.* La felicidad del cigarrillo le hizo pensar en ella, los bombones de la estación Términi que solía traerle. Pero uno sólo, suplicó la mujer, no encuentras que estoy engordando. Tomó un bombón, repitió, recaía una vez más como una criaturita golosa.

—Yo no había podido marcharme —y el hombre tardó en comprender que ella volvía a la historia lejana.

—Creí que habías acabado con eso.

—Tenía las sandalias pegadas a las losas del atrio como clavadas con clavos y seguía escuchando a Olga.

—Vosotras dos solas.

—No, no. Las reparadoras. Y lo peor es que estaba María Rossi, con los ojos como platos y sin perderse una coma. Yo le hice señas a Olga, por si no se daba cuenta que estaba hablando de Luigi Rossi.

—¿Y Olga?

—Ni caso. Me atreví a decirlo muy claramente, que aquella coincidencia me parecía como un sacrilegio.

—No lo entiendo. Un sacrilegio.

—Algo turbio, quiero decir, el que le cuenten a una secretos tan horribles de su propio hermano.

—¿Tan horribles?

—Y más.

—Conque María Rossi.

—Se burló sacándome la lengua y que me metiera en mis cosas. Olga siguió ce por be recreándose en lo que había visto desde el escondite. Visto y escuchado.

—Por ejemplo —tanteó el romano con la voz más indiferente que puede sacar un romano.

La mujer se volvió hacia el hombre, se acercaba, y en sus ojos se dejaba leer una súplica. Pero él no habló, no se movió ni un centímetro, así es como le gustaba obligarla.

—Cosas. Posturas. La manera de quejarse Roxana, como si le estuvieran haciendo algo que no pudiera resistirse.

—Las mujeres resistís mucho.

—Ahora que estás haciendo de mí una mujer enseñada, te aseguro que sus juegos quedaban a bastante altura. O sería que Olga era tremenda contando, la misma manera detallada que don Vittorio las penas del infierno, sólo que ella el placer. Yo desde aquella tarde empecé a esquivarla, aunque con cuidado de no ser una maleducada. Con la pérdida de Olga me quedé también sin la pequeña María Rossi, que estaba cambiando a ojos vistas. El mundo entero estaba cambiando. Ahora las ofensas que había que reparar eran las que se hacían a Dios allí mismo, ¡en nuestro propio pueblo! Daba como un sofoco el saber exactamente cómo se le hacían y en dónde, el que los pecadores, él y ella, tuvieran por primera vez una cara y unos cuerpos que podíamos tropezar en la calle. Pero yo seguía en mi puesto de la capilla, cada tarde...

—A la hora oscura de los encuentros.

—O no tan oscura —corrigió ella—. Ya ves que te cuento todo, siempre sacas de mí lo que quieres.

A él le pareció que ya debía besarla, que tan malo es adelantarse como pecar de lento.

—No niego que el asunto empezó a trastornarme. Cada vez más. Me quemaba pensarlo de día en medio de la gente, y sobre todo al quedarme por la noche en la cama.

—Jugabas.

—Por favor.

—Y después rezabas.

—Quería ser buena.

—Reparabas tus propios pecados.

—Yo había sido una niña muy pura.

—En una camita vestida de blanco, niquelada, y con postales bonitas en las paredes.

—Sí. Con estampas y una foto de Gregory Peck —reconoció admirada—. A veces pienso que me preguntas lo que sabes mejor que yo misma.

—Sigue de todos modos.

Porque estaban rozando el momento en que las palabras ya no bastarían.

—Lo que me desazonaba por todo el cuerpo...

—Pero di por dónde.

—Que me ponía hormigas en las piernas, y en las manos inquietas, no eran los jueguecitos que nos detallaba Olga.

—Pues el qué.

—La ocurrencia aquella de la blusa, ¿te imaginas?

—Sí, pero acaba de una vez.

—El pensar si habría sido idea de la princesita rubia o las manos grandes de Luigi Rossi quitándosela botón a botón para colocarla encima de la bombilla y que la luz roja por la seda lo idealizase todo. Anda. Quieres.

EL OTRO Y YO

No sé si debo escribir una historia cuya gracia es dudosa, y que además me deshonra un poco. En la carretera que va de Roma a Perugia, ya cerca de Assisi, funciona un parador que se llena todos los días al terminar la tarde, para vaciarse con idéntica seguridad a primera hora de la mañana. El paisaje umbro era hermoso desde la ventana de mi habitación y no había movimiento durante el día, de manera que me quedé algún tiempo. A nada que la suerte ayudase, sería la conclusión de mi estudio trabajoso sobre Guinizelli.

Una mañana en que madrugué más que de costumbre, supe que mi aseo personal estaba coincidiendo con el del huésped de al lado. No se había dado esa circunstancia en los días que llevaba alojado, cómo podría imaginar que el tabique de azulejos limpios y claros tuviera esa miseria de construcción. Era reconocible el cepillado de los dientes. Después, el aguacero de la ducha. Después el zumbido de la máquina de afeitar.

Bueno, en realidad, yo podía esperar.

Me tumbé sobre la cama deshecha. Encendí un cigarrillo, con la experiencia de que pronto en el parador no quedaría otro acompañamiento que el de los pájaros.

Terminé de fumar y volví al cuarto de baño. Es la

ocasión en que más estimo la tranquilidad, el que no me interrumpan, el que no haya ruidos. Empezaba a disfrutar de estos beneficios cuando al otro lado sonó un pedo fenomenal. Seguro que me sonreí. Es idiota, pero nos han enseñado que un pedo es una cosa cómica. También ocurre que es un fenómeno que raramente se presenta aislado. Como en los seísmos, el primero suele anunciar al segundo. El segundo llegó. Fue más amplio, inequívocamente viril, y estuvo seguido por una risotada, viniendo a través de la pared. El tercero, recuerdo, se demoró un poco. No fue uno sino una escala de tres o cuatro notas, con ese embromamiento que no siempre pueden evitar los instrumentos de viento incluso si interpretan una obra delicada de Mozart o de Beethoven. Aquí, sorprendentemente la risa que estalló fue una risa doble. O sea dos risas sincrónicas, pero discernibles, la risa fija de un hombre y la risa femenina y cómplice que se trasladaba de un lado para otro, seguro que un matrimonio con muchos años de convivencia.

En la explanada del parador esperaba el último autocar de aquella mañana, yo lo había observado desde mi ventana, con su pancarta en que «la cuna de San Lorenzo de Brindisi» saludaba a «la cuna de Nuestro Padre San Francisco»; el autocar se iba llenando de gente animosa, un grupo de viajeras sin hombre se agrupaban adictas alrededor de su fraile, y parejas maduras ayudándose mutuamente para los bultos de mano, empujándose como chicos y bromeando. De manera que pronto se habrían marchado todos; y por supuesto, mis vecinos incógnitos, para no volver por aquí jamás.

Ahora llegamos a mi vergüenza.

Esta es una confesión odiosa, que empalma con mi juventud de chico de pueblo. De un pueblo en que el jefe de la Oficina Postal, le pedía cada noche la llave a la patrona con un estampido y la patrona le tiraba la llave por el balcón. En que al abogado Camogli, con unas copas de anís, le salían bordadas las primeras notas del *Avanti camerati!*... Donde hubo que dar tres puntos de sutura a un ferroviario, que se esforzó en una apuesta... Ellos, los de al lado, tenían que estar recogiendo los últimos chismes del aseo, ya se estaban apagando sus risas. Entonces sentí el orgullo de un italiano del norte, frente a esta gente de Apulia.

Me concentré.

Una afirmación solemne, un acto de presencia y de desafío es lo que lancé al aire en nombre de los míos y en el mío propio.

Se hizo del otro lado un silencio, se me ocurrió que era un silencio estupefacto. Pero en seguida estalló la risa contigua, o sea las dos risas que no necesitaban de ninguna palabra para comprenderse. Pensé que perderían el autocar. Un duelo ciego y al mismo tiempo jovial se entabló entre los dos baños vecinísimos, indecente pero caballeroso, donde a los combatientes no nos quedaba fuelle para reírnos y era sólo la risa de la mujer, una risa neutral y repartida, eso tengo que reconocerlo.

A media mañana me había olvidado yo de toda esta historia, en la obsesión de unas canciones amorosas del siglo XIII. Había aplicado mis análisis a la tantas veces analizada *Al cor gentil ripara sempre amore,* con alguna excursión investigadora por el Purgatorio de Dante. Ahora, un poco cansado, veía desde la ventana el aparcamiento, y debajo de uno de los sombrajos estaba casi solo mi coche. Al fondo se extendía el campo verde y sereno, con ondulaciones que no llegan a montañas y me estaban llamando para una caminata que solía ser lo más estimulante del día. De manera que adiós el exquisito Guinizelli, la amada angélica y los amantes que nunca conocían las miserias del cuerpo.

Cogí la llave de la habitación. El pasillo olía a quieto y a limpio. Las puertas todas aparecían alineadas y obedientes como las celdas de un convento silencioso, y así seguirían hasta que el atardecer volcara su nuevo cargamento de viajeros. A mitad del pasillo, me di la vuelta por comprobar las luces y los grifos del agua, exactamente como si estuviera en mi propia casa. Las luces estaban apagadas y los grifos cerrados, de sobra lo sabía yo. Y otra vez silbaba dejando mi cuarto, no sé qué musiquilla, como dueño feliz y único de aquel mundo.

Detrás de mí se cerró mi puerta. Detrás de una mujer, en el mismísimo momento, se estaba cerrando la puerta de al lado. Las dos puertas se tocaban casi. La mujer y yo no nos habíamos visto nunca. Nos *reconocimos*.

—*Buon giorno, signora.*

Ella me contestó con una cortesía azorada.

—*Oh, buon giorno, signore.*

Yo podía retroceder fingiendo un olvido. Ella no sé lo que pensaría. Lo que hicimos fue echar pasillo adelante, no en pareja, yo siguiéndola a dos pasos avergonzados. El pelo le flotaba al andar, era un andar joven pero un poco estirado, como si quisiera ser digno por encima de todo. De la misma manera bajamos la escalera alfombrada. En el desembarque mismo de la escalera nos vimos reunidas cuatro personas, sin tiempo para mi huida al campo, donde ahora quisiera perderme.

—Les gustará conocerse —ofició el administrador del parador—: el doctor Brunerer de la Universidad de Berna y la señora Brunerer; el señor (aquí mi apellido), que trabaja en la literatura.

—Me alegra —dijo Brunerer—. Llegamos anoche y esta mañana pareció que no quedaría nadie...

La señora Brunerer miraba inquieta al doctor Brunerer. El doctor Brunerer es vigoroso y calvo, con unos ojos sonrientes detrás de las gafas de montura sólida. Debe de haberse casado con su secretaria, quizá su alumna.

—Y en qué se ocupa usted concretamente —quiso saber.

—En Guido Guinizelli.

—Ah, querida, he aquí un amigo. —Y a mí—: Mi esposa tiene ascendientes en la Toscana, qué poetas más espirituales, los poetas del *dolce stil novo.*

Ella me agradeció, con una inclinación de cabeza.

—Usted no entenderá el motor de un *Volkswagen* —dijo ahora Brunerer. Pero no esperó mi respuesta—. La verdad es que no me apena mucho el quedarme.

—El señor lleva ya unos días con nosotros —dijo el administrador señalándome con orgullo.

—También yo traigo algo en qué trabajar, el hotel es grande —comentó el de Berna con buen humor—, sería mucha casualidad que nos oyéramos el teclear de la máquina.

La señora se había vuelto definitivamente pálida, una blancura muy atrayente alrededor de la boca encarnada y fresca. Estaba claro que necesitaba un aparte con su marido y no encontraba la solución airosa.

El bravo profesor suizo, *aún no sabía.* Ella, de la misma manera que yo, *sí sabía.*

Lo decidí en el acto:

—El caso es que he equivocado mis cálculos y tendré que marcharme antes de lo previsto. En realidad, debo partir ahora mismo, bajaba a que me preparen la cuenta. De verdad que ha sido un honor.

Sólo debo añadir que por una elemental delicadeza, el apellido Brunerer es inventado. También yo agradecería ver cambiado el mío, en el caso nada improbable de que a él, a Brunerer, se le haya ocurrido contar la misma historia pero desde el otro lado de la pared.

LAS PERAS DE DIOS

Un día, la abuela dijo que iba a transformar en perales todos los membrillos de la casa de Arganza. La tierra allí es muy buena. Como además los injertos habían venido de los mejores viveros, y las podas se hacían bajo la mirada de la propietaria, a nadie debería haberle extrañado el cosechón de peras de aquel verano.

Por fin en la casa de los abuelos iba a hacerse algo rentable. Después del litigio de las colmenas, de las minas de carbón en Fabero; terminados los trámites y los edictos inocultables de la quiebra de la fábrica de cemento. Ahora iba a ser la riqueza al por mayor de la peraleda, los disciplinados árboles que la abuela bajaba a revistar mañana y tarde, más apagado cada fruto por el lado de la sombra, con indicios prometedores en la cara del sol. Había que acertar con el momento para la recolección. Una decisión que sólo podía corresponder a la abuela Társila. Ni siquiera Pedro, el hombre de la huerta, porque una cosa era la huerta de antes y otra cosa la explotación comercial. Y mucho menos el abuelo Criso.

Una mañana cálida en que ni siquiera se había notado rocío, la abuela arrancó la unidad primera de la cosecha, en un gesto que empezaron a seguir una cuadrilla de temporeras. También los chicos, mis hermanos y yo con los primos de Camponaraya nos pusimos a la tarea. Las arrancábamos con su rabillo, y parecía increíble que fueran tan sensibles que un pequeño golpe las manchase con un cardenal, una especie de estigma que acaso les quedaría para siempre. Luego las colocábamos en el sitio más seco del almacén, allí se quedaban para que les diera el aire, o sea la corriente de aire. Justo el peligro que más temía para su salud el abuelo Criso, no la abuela Társila que siempre dijo que lo de estar entre corrientes son gaitas. El abuelo, cada vez más menudo, jamás se ocupaba de las empresas prácticas. Él pasaba las horas en su especie de torre haciendo cosas con sus papeles y sus pájaros que nadie sabía exactamente qué cosas eran, salvo cuando tocaba el violín, que hasta los gatos sabían que eran las czardas de Monti... En fin, pronto se cayó en que la recogida hubiera debido hacerse unos días antes, en el momento mismo en que empieza el cambio de color, para que el fruto separado madure de por sí y resista para la venta.

«Y ahora el colmo —la abuela arrojó el periódico—, los del Ministerio que van a traer las peras del extranjero. 10.000 toneladas de peras para que los otros nos compren zapatos.»

No era fácil el asunto. Pero el orgullo de la abuela lo convirtió en imposible. Mejor regalarlas, decidió sin esperar a razones, sólo que las Hermanitas de los Ancianos en la ciudad rechazaron la donación porque las peras no se les entregaban a portes pagados y la abuela Társila redobló su desdén y dijo que mejor comerlas. Por la mañana, en el desayuno, hubo una «indicación» sobre la costumbre de empezar el día con fruta, propia de las naciones más adelantadas. El primo Carlos lo corroboró, y con aquella unción un poco cínica, bendijo la fuente donde alternaban escasas manzanas con un puñado de aceroles y una colección generosa de «lo de casa». A mí la experiencia me resultó agradable, y sólo sentí que a los dos o tres días desaparecieran las otras variedades para dejar en solitario a las peras. Menos mal que las peras —la abuela lo leía en voz alta— «contienen sales minerales muy buenas y hasta proteínas (un poco más si son peras de San Juan), además de ser diuréticas y refrescantes para el organismo...» Vivíamos la aventura del verano. Y una vez más, éramos muchos a vivirla, después de haber ido distribuyéndonos por las alcobas innumerables según el reparto variable que imponía la autoridad de la casa. Pero también eran muchas las peras. La mermelada de pera está bien con el pan tostado. Se terminaba pronto el pan tostado, y nadie hubiera podido imaginar que la mermelada de pera puede extenderse sobre un trozo mondadito y natural de pera... La abuela decidió que era una guerra suya. Se hizo traer libros, incluso franceses, porque ella se educó con las Esclavas en Valladolid. Y ya no fue sólo el desayuno. Las peras al gratén aparecieron como sustitutas del pescado o la carne en la comida del mediodía y en la cena. También hay peras a la Colbert, parece mentira que sean peras rebozadas, empanadas y fritas. Y timbal de peras. Y arroz, pero poco arroz, con peras, pero muchas peras...

Sucedió, entonces, que las peras empezaron a ser más que peras. Sucedió el verano de las tetas, ya no sé si éstas eran un símbolo de las peras o las peras una metáfora de las tetas. «Las blanquillas son un fruto deleitoso, algo alargado y con la piel muy suave y perfumada alrededor del pezón.» «La mantecosa francesa es en disminución hacia el pezón y allí se termina en punta, no así el pezón de la mantecosa dorada que es grueso y protuberante...» Yo no creo que muchos adolescentes en el mundo se hayan escondido con el catálogo de unos viveros entre las manos pecadoras. Y era imposible tropezarse con una mujer sin entrar en las equivalencias. A las primas no les dejaban ningún escote. Yo había calculado por mi cuenta que deben ser muy hermosos los pechos de las primas temblando en los desvanes, pero el primo Carlos aleccionó que nunca puede adivinarse cómo los tienen y que mejor aún que la realidad era la duda. Hay unas de Donguindo en tronco de cono, y, según mostraba el catálogo, «con el pezón graciosamente salido». Justo como la profesorita que venía de ayuda para los suspensos en junio, cuando le enchufábamos muy de cerca el ventilador sin que ella se maliciase de nada. Pero la Gran Duquesa de invierno. La Gran Duquesa de invierno a una doble página del catálogo era muy ofrecida por su fruto voluminoso. El pezón de la Gran Duquesa bajo palabra de los viveros de Aranjuez, con medalla en varias exposiciones, es «delicadamente moreno»...

«¿Y para confesarse?» le preguntábamos a Carlos.

«Exorna, Dilecte mi, virtutum floribus animam meam.»

O sea, es lo que entendimos, que igual que imaginar un jardín o un paisaje muy bello. Yo no sé a donde nos hubiera llevado aquella obsesión, si no hubiera sobrevenido lo del abuelo Criso. Entonces fue cuando desaparecieron. Quizá fueron arrojadas al desperdicio, quemadas, yo no lo sé. O acaso el suceso ocurrió cuando justamente habíamos alcanzado a comerlas todas... Lo del abuelo Criso no se lo esperaba nadie. La abuela creería conocerlo bien: sin perjuicio de las dos comidas principales (con peras) que el abuelo hacía todavía en el comedor, al propio escritorio abuhardillado le mandaba para entre horas su compotita de peras. Como que ahí le iba al solitario el halago del vino tinto, y la canela. Pero son terribles los tímidos, cuando se destapan:

«¡Las peras de Dios!», gritó a media mañana como un loco, desde el descansillo de la escalera junto a su puerta.

Y esta primera vez que gritaba en su vida llevó su

voz retumbando a toda la casa, plantó como estatuas de sal a todos sus habitantes que no nos atrevíamos a movernos, hasta que la abuela Társila marchó a encerrarse con unos pasitos mudos y envejecidos de repente, y a encender la vela del Jueves Santo. Luego cogió —el abuelo— el violín y un envoltorio pequeño y se marchó de casa con un portazo, hasta que lo sacaron del fondo de la reguera todo empapado y tiritando... Al primo Carlos se le vio crecer, como crecía el médico del pueblo cuando había que llamarlo para las diarreas o el electricista si nos quedábamos sin luz. Era el nieto predilecto, cuando aún no lo habían expulsado del seminario de Comillas, y pudo tranquilizar a la abuela con que dejando aparte el tono enfadado, la frase del abuelo no era blasfema, y hasta podría decirse un reconocimiento de la munificencia divina. Él mismo repitió despacio las palabras, y es verdad que en sus labios parecían una jaculatoria.

La abuela le pidió que aun así no las repitiera.

«Digamos que todo lo más la irreverencia del nombre del Señor pronunciado en vano —concluyó Carlos—, y en un arrebato del abuelo», en resumen nunca llegó a aclararse por qué aquel día se las habían puesto con leche en lugar de con vino.

EL ATESTADO

Por qué las chicas que se escapan de casa van siempre hacia el sur. Por qué siempre que van a dar las noticias en la radio estás entrando en un túnel. Por qué los del camión somos distintos de los otros oficios. Aunque también los marineros y los viajantes.

Preguntas tontas en la soledad del cuarto, que era el lugar de detención, con unos barrotes descuidados y rotos.

Ni siquiera sabía el nombre del pueblo. Podía haber elegido el turno más cerca. Él era el más antiguo, tenía mujer y una hija y casi la edad de ser abuelo, podía haber cogido el Zaragoza o el Burgos donde los que te piden un sitio en la cabina son soldados o un cura de pueblo, alguna vez una madre con su niño de pecho y es una pasajera sagrada.

Encendió un cigarro. Y por qué en los nervios de un atestado te ponen lo primero en la boca un cigarro, estos señores casi un paquete, se lo quede. En cambio había tenido que pagarse él mismo la conferencia.

«La carga sin novedad, sólo un poco de retraso.»

«Me gusta que me llames para lo que sea...», se le recordó en la oscuridad la voz de Teresa.

Es lo que tiene el pasar fuera de casa trescientos días del año. Que las mujeres agradecen que les tengas cualquier atención. Esto y que libras en día de diario, aprovechando que hay colegio te quedas con tu mujer sin que la niña ande interrumpiendo, sin el miedo también de los tabiques que por las noches son como el cartón de las cajas del vino. Cajas, las de antes, con el sello de la marca sobre la madera, con el año verdadero de la cosecha. No hay como la verdad y les juré que lo diría todo. Desde el principio. Pero el principio, parecía que los impacientase. Vienes oyendo las canciones que te gustan o los concursos con las llamadas de los oyentes pero si van a dar las noticias es que estás entrando en el túnel de pago de Guadarrama o entre los postes metálicos que no te dejan oír como es debido. Esta vez era temprano por la mañana, lo mejor porque los nombres y los sucesos están frescos, antes de que empiecen a repetirse y a enranciarse de hora en hora aunque siempre les van poniendo algún añadido, o algún atentado que para éstos no hay hora fija. Les gustó lo del atentado, la manera con que debió notárseme que siendo yo del norte los atentados los condenaba. Tocante a los mensajes de socorro yo siempre los escucho, a mí mismo me localizaron hace años por asunto familiar grave, aunque fuera tu suegra tú la querías como a una madre, la madre de Teresa, seguro que no te acordaste que también era la abuela de tu hija Chari... Aquí lo del señor me lo cobra usted a mí, se determinó el cabo aquella vez. Perdone, cabo, había dicho el hombre del mostrador, pero gusta tener una atención con el cliente cuando es por causas humanitarias. Era el bar de una gasolinera donde no había parado nunca, pero yo soy de los que creen que todavía queda gente buena en el mundo, en el asunto de recibir un trato no debe ser de los peores empleos el nuestro. Paras y somos siempre los mismos, los de casa, y aunque te pongan en el comedor de todos, puedes decir que comes en la cocina, las chuletas de cordero, las alubias estofadas sin nada, los huevos fritos que son cosas propias para un hombre que tiene que seguir bregando. Y el vino propio de cada tierra, sin reparar en que atrás en la caja del camión van muchos miles de duros embotellados hace media docena de años... Pero volviendo a lo de ahora. Justamente al salir de ese tiberio de los transformadores de Iberduero bajando por Soria estaba terminando el parte de las diez de la mañana, lo de siempre, uno se lo toma como después del llano viene la montaña, luego otra vez el llano, el rincón de la cuneta donde arrimas y paras a orinar en cada viaje como si no hubiera más árbol en toda la ruta. Y es lo mismo pasarse la vida repartiendo por las provincias que si te mandan a Francia con el trailer. La primera vez de internacional, a quién se le ocurre, Teresa me dijo que ella andaba bien de ropa y que yo tenía que empezar a fijarme más en la niña, pero esa mocosa para qué quiere un sujetador, compréndelo, el capricho de estrenarse de mujer con una cosa de París.

—Apriétese usted, amigo. Que nos quepa todo en la hoja.

Y es que al decir que lo estaba declarando todo, de verdad que allí estaban los hechos sin ocultación. Pero sólo los hechos, porque las cosas de la familia son de uno. Y también son de uno los sueños. Igual que la ruta de las comidas hay la ruta de las hembras, no son igual las de los puertos de montaña que las de junto al mar, ni las que están trabajosas en las cocinas se parecen a las que dan la cara día y noche en los mostradores. Veinte años y aparte de bromas y retozos, él no le había faltado gravemente a Teresa. Llegaba a casa de regreso, a la cama con Teresa. Se echaba como un animal cansado y feliz y cuando después de hacer eso entraba en el sueño era siempre por la derecha en el sentido de la marcha, rasantes, adelantamientos, luces de cruce en la boca de lobo de la noche, hasta que el mundo empezaba a embrollarse y era otro el que conducía, podía verse él mismo de pasajero en la cabina pero jugando con una o con dos mujeres estupendas, sueños así, y de repente por la radio nacional de España su nombre. Entonces se despertaba y abrazaba a Teresa, ahora no puede recordar si en esos casos pensaba también en la pequeña durmiendo en la habitación de al lado... O sea la radio, es lo que servidor les había empezado diciendo. Lo estuvieron dando durante todo el día, pelo castaño y muy corto, estatura uno cincuenta y ocho, pantalón vaquero y botos con los demás detalles de la ropa, más un bolso en bandolera con la cosa de los Mundiales. Dieciséis años, la edad misma de Chari. Se cree que se dirige a las costas del sur... O acaso la Chari haya cumplido en mayo los diecisiete. Preguntas en casa por decir algo, a ver, a qué hora ha vuelto anoche esa chica, o las evaluaciones de los profesores, aunque qué sabes tú si nunca te acercaste a verles la cara a los profesores. Preguntas porque Teresa no para de recriminarte, sin entender que lo que un trabajador del camión tiene que cuidar es el vehículo en que le va la puntualidad de la entrega, de estar él mismo sereno y disponible a todas las horas del día y hasta de la noche. Lástima que la Chari creciera. Había sido una criatura corriente y él había sido un buen padre, no recordaba ningún problema y eso será como un órgano del motor que si no da señales malas ni buenas es que marcha como corresponde. Pero casi de repente, la niña y los cigarrillos escondidos. La niña y la discoteca. Ella y las noches dudosas aunque la madre, después de ponerse a encizañar, se contradijera disculpando que estamos en fiestas y es mejor por las buenas, así no hay manera de que un cristiano acierte con la conducta. Pero por qué las chicas que se escapan van hacia el sur. Acaso fuera el calor de la meseta metiéndose por las ventanillas abiertas, el sol tostándole la piel apenas cubierta por la camiseta de tirantes lo que a través de los boletines machacones le había ido completando el retrato robot con la precisión del metro cincuenta y ocho, es fácil imaginar una mocita proporcionada si se sabe que el pelo es de tal color y cortado a lo chico, la blusa amarilla, la tela suave de la blusa, pero luego el pantalón fuerte y como remendado, apretado, y en el bolso qué puede llevar metido una cría que huye...

—Lo que tiene que precisar es si ella fue consentidora. O sea, si usted se valió de la fuerza.

Te sonreíste, sin ninguna intención de faltar al respeto a los guardias. La luz que se colaba por las persianas verdes de la dependencia te daba en los brazos que hubieran podido levantar en vilo la mesa y a los que te estaban interrogando. No, no habías empleado ni un músculo. La pequeña desconocida se había subido de un salto y a ti no te habían faltado las palabras para que ella misma se convenciera de bajar en una cabina de teléfono, razones de padre que a veces habías pensado para tu propia casa. Y luego, el cansancio, o la torpeza, o eso... La cosa de un hombre que no come ni habla a diario con su gente. Que puede ver crecer a su propia hija como si fuera la hija de otro, llegar de un viaje de nada más que días o semanas y sentarse a la mesa y tener que disimular porque la niña ha enreciado en el pecho y uno no quiere mirar pero no puede dejar de hacerlo.

«Eres un tío muy fuerte, sabes.»

La mano pequeña de la desconocida le cosquilleaba en los tendones del brazo, seguía al brazo cuando éste bajaba a la palanca del cambio y él le decía quieta.

«Si quieres me llevas por media España, ya tengo los dieciocho, te enseño el carné.»

Y peor cuando la mano pequeña se puso a enredar con el vello que le salía por la escotadura amplia de la camiseta.

«Qué gozada, jo, un tío moreno y después pelirrojo por todo el cuerpo.»

Desvió el camión hacia unos olivos por donde iba la carretera vieja. Uno al fin no es de piedra, ustedes deben comprenderlo. Luego fue algo horrible que no confesarías aunque te arrancaran la piel, primero la carne prófuga y ajena y en seguida la figuración de tu propia Chari, claro que también los guardias andan fuera de casa, ahora que lo piensas los guardias cuando andan destacados acaso sean como los del transporte y los marinos y los viajantes.

EL SITIO DEL INGLÉS

—No hay cosa que más me amole que me vengas preguntando la hora cuando estamos en esto.

En el club recién estrenado con todos los adelantos de las luces y del sonido andarán ahora divirtiéndose las otras parejas. El Barco de Valdeorras, una villa sin industria grande si no es la fábrica de camisetas, y van y abren el local más moderno de toda la provincia. Después se meterán en los coches, a veces dos parejas si son muy amigas en el mismo coche. Y los que sólo podrán ir a los solares de don Claudio, o por la orilla húmeda del malecón. Ellos dos, en cambio, parecían un matrimonio corriente puesto que por un rato tenían casi una casa. Habían llegado furtivos, como de costumbre, y en seguida estuvieron acostados muy juntos en la cama de plaza y media, nunca desvestidos del todo porque daría un repelús meterse sin nada entre la aspereza de las mantas.

Magdalena buscó en la muñeca del hombre el reloj luminoso, volvió a arrebujarse, estornudó. Además de las mantas había el somier numancia con el colchón, que una mano ladrona había aligerado de lana por un descosido, más la colcha, que Magdalena no quería mirarle los manchones confusos, si en los grifos abandonados saliera agua ya le habría dado ella varias manos seguidas con detergente.

Las acacias del parque allá abajo y de los paseos no habían terminado de soltar su polen, todavía era primavera; pero la tarde había estado caliente, y la noche amenazaba tormenta. También los cuerpos se habían inflamado como la estopa. Quedaba el cansancio de después del asunto, que en el hombre era siempre un cigarrillo orgulloso. Ahora, en la oscuridad, les costaba trabajo desatarse de la pereza.

—No es que me riñan si llego tarde —dijo Magdalena—. Pero esto lo sabes de siempre, a casa tengo que volver a dormir.

Cuando, semanas antes, Avelino Sanjuán había cogido por el brazo a Magdalena y le dijo, anda, sube, ella aceptó subiéndose a la furgoneta, un encierro con sopletes y otras herramientas, y en los cristales mujeres a todo color que habría que expulsar un día u otro, ahora que empezaban a ser como si dijéramos novios. El conductor enfiló la vieja carretera postergada por la autopista, sin preguntarle nada a la compañera. Tiempo habría, cruzó por la cabeza femenina, teñida y peinada a lo afro, para las fotos ya sentenciadas y para escoger ella misma los paseos. Y también que da gusto que la lleven a una. Ningún día repetía Sanjuán el itinerario. Hasta una tarde al oscurecer que buscando sitios subieron como de broma a lo del inglés, y ni puto caso omiso, dijo Avelino refiriéndose al cartel de camino privado comido por años de viento y de lluvia. Y desde entonces, ya ningún otro sitio, porque aquello era una bendición. El porche los abrigaba, lástima el frío de la piedra en el banco contra la pared, hasta que un día la manta del coche... No, no, esto no lo hace nadie, Avelino, esto sí que no. Magdalena pensaba si no sería más decente que lo hicieran hasta el final y por lo sano, mejor que aquellos juegos que la dejaban nerviosa. En alguna tregua rondaban alrededor de la casa cerrada y casi sin dueño, administrada, se cuenta, por el procurador Mariñas que es como si dijéramos abandonada. Sanjuán encontraba el símbolo mayor de ese abandono en una humedad que había desconchado un trozo de la pared, seguro que en tiempos pasaba por ahí un bajante. Magdalena dijo que a ella, lo que más, la grima de la persiana caída desigualmente, te juro una persiana así el efecto horrible que hace. Un día, o sea una noche, Avelino además de la linterna que siempre sacaba del coche traía en la mano una caja con la herramienta. Tardó un poco, pero la persiana de la planta baja obedeció a la pericia hasta quedar bien igualada, arriba, abajo, arriba, abajo. Una de las veces que a la persiana le tocó estar arriba Avelino la dejó así y enfocó la linterna para la habitación. ¡Mira!, llamó a Magdalena, como si ella no estuviera pegada a su costado. Observaron a través del cristal borroso, sin saber que la ventana estaba prácticamente abierta desde que se alzó la defensa dudosa de las tablillas. Fue saberlo y estar con medio cuerpo dentro, en seguida un saltito y el cuerpo entero, los ojos mirando las cosas pero sin mirarse ellos mismos el uno al otro. Se marcharon sin tocar nada, sin tocarse. Y esta noche:

—No me digas que estoy pesada, pero sabes lo que te digo.

—Llevas dos horas dando vueltas, que te estás quedando sin manta.

—No sé qué tengo esta noche. Te digo que tengo aquí en el pecho como una losa, tócame.

—Tocar te toco. Lo que tienes, son ganas de que uno esté pendiente de ti.

—Como si esta noche fuese distinta que las otras.

—Hasta ahora ha sido más o menos lo mismo. Pero si quieres igual invento hacerlo por otro lado, pide por esa boca.

—Bestia. Lo que quiero decirte es de cosas más serias, pero es que ya tenemos que marcharnos.

—Venga, suelta el rollo.

—De las manos que tienes para tu oficio, Ave, que

todo el pueblo lo dice. Sanjuán para la fontanería. Sanjuán para las antenas de televisión. Si hasta para los aparatos del ambulatorio. De oro te harías si supieras cobrar para que te respetaran.

El hombre se desperezó en la cama, como si fuera a incorporarse. El somier crujió en el silencio. Magdalena sí empezaba a levantarse, ella siempre tarda más en vestirse y quitarse las señales que quedan. Pero, esta vez, el hombre la fue doblegando con una mano, llevándola con suavidad a caer de espaldas. Alargó la mano hasta la cazadora de cuero.

—Di si quieres o no quieres fumar.

Magdalena se alegró porque esta vez, lo que él había recogido en lo oscuro era el tabaco. Odiaba aquellos momentos horribles, cuando Avelino le decía espera no vayamos a armarla, pero dónde habré metido yo los globitos.

—A mí me parece que nos vigilan —se quejó ella.

—Quién.

—No sé, alguien, las cosas mismas de este cuarto, el retrato.

—Lo que faltaba. Fuma y cállate ahora.

—Estarán todavía en la discoteca —imaginó Magdalena con una voz indecisa.

—Sin eso me paso yo bien —aseguró Avelino—. Lo que echo de menos, si acaso, es la consumición. Pero no creas que yo es el vicio de la bebida. Aquí mismo tengo el botellín de coñac y no es cosa de trincármelo solo.

—Con la tónica es como me gustan a mí los tragos, y el hielo haciendo tin, tin, en los vasos grandes.

—No estoy diciendo que el coñac tenga que ser solo, ni con leche. Digo que yo no sé beber sin compañía, y eso es cosa que a mí me viene de herencia. ¿Llegaste tú a conocer a mi abuelo?

—¿Al señor Sanjuán el capataz de las carreteras?

—No. Al por parte de madre, o sea el abuelo Romano que tenía la nariz muy grande y colorada, lo mismo que mi bisabuelo. Al bisabuelo lo llamaban de mote *Romanones,* pero al abuelo Anselmo se lo dejaron en *Romano.*

—Yo sólo me acuerdo del capataz, hasta el uniforme de pana que llevaba.

—Pues el viejo Romano había vivido desde los veinte años a los setenta y tantos envasando cada tarde dos litros de tinto en cinco o seis paradas. Le dijeron que se jugaba la vida pero como si nada. Hasta que se partió la cadera, y el mismo día que no pudo salir a la calle aborreció el vino para siempre, le ponían la botella bien a la mano pero a él le entraban unas bascas horribles de pensar en beberlo a solas.

—Me gusta cuando hablamos, cuando te paras a contarme de tu familia. Además, tampoco es que estés solo ahora, si te apetece tomar una copa yo te acompaño.

—Eso está bien. Pero sólo hay coñac purito.

—A mí el coñac me gusta si por lo menos tengo un bombón para acompañarlo.

—Hay galletas pero están en lo alto de la estantería, el coñac está aquí, las galletas hay que levantarse por ellas.

—Anda, Ave, a ti qué trabajo te cuesta.

—En hablando de trabajo... Di si lo hice o no como Dios manda. Sobre eso nunca dices nada y uno no sabe si te ha dejado vendida.

Margarita es la más lanzada de las compañeras de la fábrica. Margarita es diferente o Paco Díaz el practicante es diferente o es que Margarita tiene esa manera suya de explicar esas cosas. Dice que un rayo que la deja ciega. Que un grito que le sale del fondo de su naturaleza. Dice que si la dejaran a ella colgada a mitad del asunto se subiría por las paredes.

—Estarán Paco y Margarita.

—Esos sí. Y Lorenzo y Concha que son la leche resistiendo en el baile. Igual estás arrepentida y preferías estar en ese tomate.

—Por un lado qué quieres que te diga.

—Cuando no quieres aclararte, no te entiende a ti ni la madre que te parió.

—Arrepentida no lo estoy.

No iba a dejar que la tomaran por una romántica, ni Margarita su amiga principal comprendía aquella ilusión absurda de recibir cartas con buena redacción y educadas de un chico pensando en ti y que viene a verte por el Cristo. Lo de salir con los de siempre, a bailar y a beber unos tragos en la discoteca, no es que te vayan a decir te quiero. Pero algo más propio sí parece, que venir a encerrarse en estas cuatro paredes. Claro que luego tenía razón Avelino:

—Ellos sí que se cambiarían por nosotros —como si le hubiera adivinado el pensamiento— sin ni siquiera un mal jergón donde ponerse a gusto.

Lo de Margarita era aparte, era como el premio gordo de la lotería. Paco y ella habían estado probando sitios hasta dar con la mesa articulada de curas, gracias que nadie más en toda la fábrica sabe que se meten en el botiquín.

—Lo que tengo es una gana así de seguir arrimada a ti, pero como hermanos.

—Pues acuérdate, la copla que cantaban aquellos de la rondalla de Astorga.

—Cuál.

—La de que es imposible ser buenos...

—Es verdad. Y quererse como hermanos.

—Si tú no tuvieras senos.

—Si yo no tuviera manos.

—Pero que muy bien traído.

—A mí me parece una canción bastante fina y ellos también lo eran, no como otras bestialidades.

—Eres una antigua, una novelera, por eso te gustan a ti los de Astorga, a mí el llamarles senos a estas cosas tan cachonditas y tan ricas me parece como de novela.

—Quieto. No sé ni cómo se te apetece después de que lo hemos hecho.

—Te voy a decir yo otra copla que cantaba el cabo en León en el regimiento, ya que prefieres que hablemos.

—Gracias. Lo que yo tengo es un nudo que daría algo por echarme a llorar.

—Pues llora, tía, llora.

—Vete a la mierda —estalló ella, sabiendo que sólo era una manera de decir.

Cuando pasados dos o tres días sin volver a aquel lugar después de lo de la persiana, la furgoneta tomó el camino, que parecía que nadie se lo mandaba, ella sentía calor y frío al mismo tiempo. Llegaron, se apagó el motor, y los matojos que van a llegar un día a invadir la casa crujieron bajo los pasos fuertes del hombre, seguidos de los más finos pero también directos de su pareja. Los dos cuerpos se conocían por las mutuas hipocresías, los recalentones. Pero cada cosa tiene su tiempo. Y fue ella misma, Magdalena Quiroga ante el asombro callado de Avelino Sanjuán la que después de hacerse empujar hacia el cuarto, esto sí, como en un rito inútil pero irrenunciable, empezó a aligerarse con naturalidad. Los botos camperos que son la última moda, salieron después de un poco de forcejeo. En cambio los vaqueros apretados que llevaba deslucidos adrede cayeron como fruta madura. En lo más íntimo, coronando la sólida construcción de las piernas, quedó un triángulo de color vivo que a Avelino se le representó como reflectante. Avelino apartó la linterna. Entre los dos se apresuraron a quitar unos trapos, botellas vacías que estaban en desorden sobre la cama, y un montón de periódicos agrisados de polvo. Magdalena estornudó. Tápate pronto, dijo su compañero con una blandura nueva. Se notaron bajo la manta los movimientos un poco agachados de la mujer, ahora se está quitando la braga o sea el slip, el jersey se lo dejó puesto pero en cambio, manipuló por adentro de la lana y se quitó el sujetador, probablemente para esconderlo debajo de la almohada sin funda. Magdalena se dio sin memeces, sangró un poco, todo era natural como el mundo. Quizá también era natural lo de unas lágrimas que no parecían venirle de ninguna pena, tampoco de ningún goce que no hubiera sentido antes, cuando sólo jugaban.

A veces pensaba ella, Magdalena, que el trato y la confianza que se habían cogido desde entonces tiene cosas buenas pero también otras malas. Como ahora mismo, este Avelino:

—Da gracias que tengo ganas de mear, que si no a por las galletas iba a levantarse tu tía.

Era pronto para las tormentas grandes del verano, pero nunca se sabe y años hubo en que aparecieron adelantadas, trayendo el polvo rojizo de las Médulas. Cuando el aire se carga para traer esa tierra, que dicen que es de los huesos molidos de los esclavos, la gente de Valdeorras y del Puente de Domingo Flórez se pone con dolor de cabeza y ninguna gana de mover ni un dedo.

—Hoy es sábado —advirtió Avelino Sanjuán. Miró para el calendario abandonado—. Después voy a mirar por gusto qué día de la semana era el día de hoy en ese año. Fíjate, 1960.

—Hoy es domingo puesto que ya pasan de las doce —advirtió Magdalena.

—La noche del sábado la hizo Dios para estas cosas, no te parece a ti.

A lo largo de este tiempo, siempre pasaba que Avelino cantaba o silbaba conduciendo la furgoneta de vuelta para casa. Magdalena volvía que no sabía explicarlo, como una cosa muy tonta. Pero esto no iba a decírselo a él. Lo otro, sí, el que hasta sin tener encima el peso del otro cuerpo le faltase el aire en el pecho.

—Eso son neurastenias. O a lo mejor es el retrato —aceptó Avelino con sorna.

Además del calendario y de unos paisajes escoceses, había algunas fotografías de personas, y todas eran inventores, estaba Edison con el fonógrafo, Isaac Newton, Pasteur con la bata blanca y las barbas. Pero decir el retrato era hablar del marquito y la foto con el perro grande y hermoso del inglés —*Daisy, 21 th April 1959*—, se ve que al marcharse había querido que el amigo fiel siguiese viviendo siempre en aquella copia. Detrás del perro, pero Avelino apostaba a que era una perra, podía verse en sombra al mismísimo inglés, con los bigotes grandes y en punta. Magdalena decía que el amo había puesto al animal de pantalla y que el inglés era un mirón vigilándolos y pasándose la lengua el asqueroso por el bigote mientras ellos estaban en la cama. Un mirón y un escuchón. El somier metía demasiado ruido. La noche de autos, Magdalena volvió a machacar sobre el tema:

—El piso de mis tíos de Monforte tenía los tabiques de cartón, era una cosa que me ponía mala oírlos algunas noches.

—Pero qué edad tenían ya tus tíos para el asunto.

—Los cuarenta y cinco o los cincuenta. Una vergüenza.

Y que no haría nada de más, él, Avelino, tensando los muelles locos, para que no fuera esto de darse la vuelta para el otro lado y armar un escándalo.

—Ahora salimos con eso, a ver si no he arreglado ya los largueros de la cama. Y la balda para que pongas tus chismes y el invento para traer este poco de luz. O te crees que la casa la vas a heredar.

El inglés, como saben en toda Valdeorras, vino un día a estudiar los vinos y se enamoró de aquel lugar caprichoso, y mandó hacer la casa contra el consejo de los entendidos en el soplar de los vientos. Le acabaron la obra y se encerró sin que la gente pudiera meter las narices a ver lo que hacía, de manera que todo tuvieron que inventarlo. La fuente del invento, como si dijéramos, estaba en el casino de los señores, y desde allí iba llegando el agua cada vez más turbia igual a las tiendas que al mercado que a la Acción Católica, hasta la última mulleriña que se santiguaba sin haberse enterado mucho. Luego, lo mismo que vino se marchó el individuo, y a don Paco Mariñas el procurador le escribió que no iba a regresar nunca y que don Paco vendiera sus cosas por lo que quisieran darle. Era decir que lo daba por poco, pero aparte que es un sitio de locos, siempre sería mejor esperar para ver si se consigue por menos que poco.

Avelino fue y le dio la vuelta al retrato del inglés. Magdalena estornudó todavía, pero ahora el cuarto parecía más grande.

Hace un rato Avelino se había levantado para orinar. La primera vez había sido lo que se dice un drama. Fue peor incluso que la vergüenza de verlo un día con el calzoncillo, y también peor que estar a su lado cuando devolvió el pobre hasta la primera papilla porque se había excedido en las copas, pero esto del vómito sí que le pasa a cualquier chica el tener que aguantárselo al novio alguna vez. Por lo menos, no se dirá que ella no hiciera por evitarlo, lo de que orinase delante. Pero hombre, es que no puedes aguantarte si ya nos vamos, también podrías esperar a hacerlo a campo raso. Menos mal que salía él a la ventana, se ponía de espaldas a la habitación y apuntaba hacia afuera como quien está regando tranquilamente la huerta. Pero lo horrible es que ahora esa necesidad se le avecinaba a ella misma. Debía de ser bastante tiempo el que llevaban juntos esta vez, porque tampoco iba a serle posible resistir hasta que se separaran. A pasos agigantados se acercaba el desastre, más deprisa cuanto más la atormentaba la idea por la cabeza.

—Me parece que he dejado el chaquetón en el porche.

—Y para qué quieres ahora el chaquetón.

Salió a un rincón junto al muro exterior, ajena a la aprensión de otras veces por los espinos y los rastrajaros que en muchos años no había cuidado nadie, y qué horror ahora el ruido del chorro, además que no se acababa nunca. Volvió para dentro con un escalofrío en el cuerpo. Estaban empezando a caer unos goterones, grandes y separados unos de otros y alguno la había golpeado en la espalda medio desnuda.

—¿Y el chaquetón...?

Por la sonrisa de Avelino, comprendió que había hecho ella un misterio inútil.

—Me parece que no lo saqué de casa —porque ya era mejor continuar fingiendo.

Ahora estaba la pequeña luz que tomaban de la batería del coche, y bastaba apartar el cable para quedarse en la penumbra. Agua no había, pero el frasco de la colonia.

—Anda. Vuelve.

Él le hizo sitio y ella fue y él le pasó a ella la mano por el pelo, una caricia que a Avelino Sanjuán se le ocurría pocas veces, eso si acaso se le había ocurrido alguna. Pero eran ganas de estropearlo todo:

—No sé cómo os aguantáis las tías hasta volver a casa, claro que es darse el morro en el portal y salís zumbando como locas.

—No me gusta hablar de esas cosas.

—Como si no lo hicieran las artistas y las reinas y todas las hijas de su madre. ¿Te gustaría un cuarto de baño?

—Anda. Y la calefacción central.

—También la calefacción. Pero no es una broma y te estoy diciendo el baño, fíjate, metido en la habitación pero independiente. Con bidé.

—Me vas a decir tú que no soy una mujer limpia.

—Quién dice eso. El bidé, con ducha. ¿Tú sabes que algunas tías se dan gusto con la ducha del bidé? Pero a lo que íbamos. Igual los hay en color azul marino que en color fucsia o que en terracota, el lavabo doble Venus referencia 230 y la bañera Repos con las agarraderas doradas...

—Ahora es a ti a quien te da por las novelas.

—Nada de novelas, te hablo por el catálogo pero fíjate bien que ya está instalado y funcionando. Tú tendrás el carné de identidad, no.

Cada vez son menos exigentes en lo de pedirles a las chicas la edad para el baile. Pero otra cosa tiene que ser lo de entrar en el motel si no es al bar de abajo a tomar una copa, seguro que a los chicos de El Barco ni se les ocurre que pueda pedirse una habitación. El motel está a ochenta kilómetros por la general. Dicen que vienen las parejas de fuera, incluso de Vigo. Magdalena había visto una vez a dos parejas que entraban con muchas risas y confianzas, lo que se le quedó en el recuerdo fue el neceser de piel que llevaba cada una de las dos mujeres, seguramente con sus cosas más íntimas.

—Dormir uno como un cristiano con una mujer al lado. Y te lo voy a decir de una vez el mayor deseo que yo tengo: entre sábanas.

Es verdad que entre sábanas se estaría bien. Pero Magdalena, o sea el pensamiento de Magdalena, abría el pequeño maletín lujoso junto al espejo bien iluminado e iba colocando cremas, clines, algodones en bolas de todos los colores, todas las cosas en su sitio y como suele decirse un sitio para cada cosa.

Hasta que un relámpago y el trueno consecutivo la devolvieron a la realidad escareada del cuarto:

—Tú crees que ese tipo, el de los bigotes ¿crees que habrá dejado pararrayos?

—Aquí no ha quedado cosa que funcione, a no ser que se ponga a arreglarlo uno que tú conoces.

—Con lo que atrae el hierro, ahora no te dejo ni tocar a un destornillador.

—Entonces, mejor rezas lo que sepas o te aprietas bien contra mí.

Magdalena rezaba pero eran jaculatorias más que oraciones largas, porque en éstas se equivocaba siempre, y vuelta a empezar, y a la fortaleza masculina del compañero se agarraba con la codicia del náufrago. No había que entender de nubes y de tormentas para imaginar que se anunciaba larga la fiesta. El recurso de la iluminación les había fallado seguramente por la lluvia sobre el cable exterior y los relámpagos eran trallazos de luz que entraban sin que valiese de nada la persiana.

—Sagrado Corazón de Jesús en vos confío.

Luego era el golpe seco del trueno, seco en la desolación de la colina y en seguida rodando abajo por entre la garganta del Sil, el río que es como el padre o tutor de toda la comarca.

—También es mala suerte, tú.

Magdalena quería hablar de lo que fuera. Pero Avelino panza arriba. Avelino con los ojos cerrados y el cuerpo muerto. Avelino fuera del juego y del mundo.

—Mala suerte, te digo, que nosotros llevemos el agua y el Miño lleve la fama.

Era un bonito gesto, a que sí, identificarse con el agravio secular del río. Pero tampoco tuvo respuesta.

—Lo que yo no sé, es si traería tantas pepitas de oro como decían aquellos antiguos.

Silencio.

—No te duermas ahora, Ave, por favor te lo pido.

Una pedrea extensa de granizo golpeaba contra la ventana. Y también arriba, por encima de las habitaciones no violadas, tamborileaba en las pizarras que milagrosamente, lo que más en la casa, aguantaban el paso del tiempo. Magdalena acercó la oreja al pecho peludo del hombre. Respiraba. Despacio, pero respiraba. Un horror que venía a ser como la furia reunida de unos cuantos horrores anteriores estalló encima, exactamente encima de sus cabezas.

—Rogad por nosotros que recurrimos a vos.

Y en seguida:

—Eso fue en el gallo que dejaron de la veleta, Avelino. Avelino. Háblame. Que sepa yo que no te duermes y me dejas sola con este castigo.

Todos saben que lo peor es cuando una tormenta sale al encuentro de otra, pobres los que estén debajo del sitio en que las dos tormentas se encuentran. El sitio del inglés.

—Si quiere Dios que no nos pase nada esta noche será un aviso de que tenemos que cambiar de vida. Tú cuánto hace que no te confiesas.

Ahora fue del lado de la carretera de Córgomo.

—Siempre que hay tormenta cae algo en ese transformador y viene el apagón. Di, será muy malo ser el guarda de las fábricas de la luz. O del polvorín. De confesarte, digo.

Era como hablarle a una piedra.

—Yo tuve una época muy maja de club parroquial, no creas que es como antiguamente, además de futbolines hay curas jóvenes que nos animaban a ser responsables y divertirnos juntos los chicos y las chicas. Una vez oí yo que es dificilísimo hacer un pecado mortal porque hay que tener verdadera intención de ofender a Dios. Figúrate tú. Si yo estoy a gusto contigo, Ave. ¿Por qué iba a tener intención de ofender al Señor? Y monja, quise ser una vez. Cuando se marchó aquel chico de la extensión agraria, ya ves que no me importa contártelo ahora que sabe

Dios lo que nos espera, también tú me deberías contar a mí, me vas a negar que tuviste tus aventuras.

Esperó.

—No te voy a decir que sea celosa. Pero me mortifica que en los casos verídicos que salen en esas revistas, ya sabes, muchísimas veces son chicos fontaneros y de las antenas de la televisión que van a las casas a la hora en que las mujeres están solas sin sus maridos. ¿Tú crees que es verdad que se dan tanto los casos? También lo del suegro que se lía con la nuera, a mí esto me parece ya una manía de quienes escriben las historias, qué crees tú.

Aunque hubiera habido respuesta, el fragor que vino de arriba haría inútiles las palabras. Magdalena sacó su brazo lo mínimo para santiguarse, pesarosa de no estar vestida del todo.

—¿Has dicho algo? Está bien, allá tú si no quieres sincerarte en un momento como éste, Ave, pero podías hacer un acto de contrición para tus adentros. Yo de las revistas creo que ni tengo que confesarme, al principio eran una novedad en los vestuarios pero ahora ni caso. A que no sabes a dónde mandamos las camisetas para el remate cuando en la fábrica no podemos con los pedidos... Es bonito que El Barco sea famoso hasta fuera de España por las camisetas, miles y millones de camisetas de colores que ponemos Cadaqués, o Formentor, o la cara de Humprey Bogart. A las monjas de clausura se las mandamos. Fíjate, a las monjas hasta de Mondoñedo. *I love you.*

Arreciaba la lluvia; y también el aire, si hasta pareció que se habían movido las cosas del cuarto.

—Estaría bueno, que fuera una venganza que nos manda el tipo porque le hemos puesto a él y al perrazo, o la perraza, contra la pared, ¿tú crees en esas cosas?

Magdalena tuvo un arranque. El retrato quedó redimido de su condena, Magdalena sintió como si hubiera restituido una cosa robada y corriendo volvió a meterse en la cama. Se quedó callada, perdida la cuerda para seguir el monólogo desesperado. Avelino entonces para no perder las rentas de su disimulo pegó una sacudida y un grito como de cadáver que vuelve de repente a la vida:

—Esto sí que es un pararrayos, ¡agarra e palpuxa cómo está o ferro!

—¡Mal rayo te parta! —gritó también Magdalena—, que me has asustado, mira cómo me late el corazón.

Y saltó un centellón de mucha braveza.

—No, Avelino, Ave, un rayo no. No he querido decirlo, Ave. Pero qué barbaridades le vienen a una a la boca.

Casi final. Tres, cuatro, acaso cinco horas después, la mañana se colaba en la habitación por la persiana entreabierta. Sanjuán se había dormido como un madero al terminar su última faena de la noche. Ahora se sentó en la cama, se estiró en un bostezo inacabable, ya sólo falta que le vengan a uno con el desayuno en bandeja:

—A ver, maestra, un café calentito con churros.

Magdalena estaba de pie, vestida y arreglada como una mujer de casa madrugadora. Le andaba en los ojos, en los labios, una sonrisa satisfecha y nueva, pero acaso hubiera que mirarla de más cerca para conocérsela y Avelino Sanjuán estaba frotándose los ojos como si aún no reconociera el lugar en donde despertaba.

El hombre se sobresaltó:

—Me parece que la hemos pringao. A pelo, sí señor, a que nos den el libro de familia.

Anoche, el cese de la tormenta había ocurrido de repente. Pero la furgoneta flotaba casi sobre un lago que había empapado sus mecanismos, el delco es lo que dijo Avelino jurando. Abajo, en el valle, se adivinaba la ciudad sin una sola luz hasta que los de Fenosa acertaran con la avería, y una última culebrina inofensiva certificaba la paz a lo lejos, ya por Viana do Bolo. «¿Tú crees que podamos bajar a oscuras?» Magdalena se extrañó de sí misma, de no desmayarse cuando le contestaron que no. A Magdalena Quiroga, en el fondo, se le quitaba un peso de encima. Alguien o algo había decidido por ella. Decidido para toda una noche.

Avelino se desperezó del todo, encendió el primer pitillo del día, Magdalena le acercó el cenicero de propaganda para que no manchase con la ceniza.

—Venga, mamá, ¡aporta una copichuela si se acabaron los churros!

Mamá no dejaba de sonreír. El sol de junio lo iban alzando poco a poco sobre la cresta del monte como la custodia en la fiesta del Corpus, ya ahora estará despertando el sol a la gente abajo en el pueblo entrando por los cristales de las galerías el sol barriendo la sombra de las aceras qué bonita pero qué bonita es esta villa principal de día con sus jardines llenos de árboles altos y fuertes que llaman laurolmos una suerte que esta casa del inglés pertenezca al Barco y que hoy sea domingo y mañana lunes haya trabajo en la fábrica para que la gente ande por el mundo con esos letreros en las camisetas. A Margarita voy a cogerla aparte cuando el bocadillo, por qué me habrá ocultado esa necia lo de los colores.

O sea que no una hora, ni dos horas. Ni que te dejaran tres horas que es lo que viene durando el baile del sábado.

Lo que hace falta es que nada ni nadie te esté esperando en el mundo. Echarse con el hombre y ponerse a pensar en el mar que no se acaba nunca, en prados que se repiten verdes después que subes a una montaña y a otra montaña. Entonces todo se le desata a una y ni estornudos ni nada, te viene un relámpago pero que no anda perdido por otras partes del cuerpo, además que en vez de una cosa blanca son muchos colores como un jardín en el aire... Los paisajes de las paredes serían menos grises si se cambiaran para la luz contraria, la colcha podría llevarse para darla un lavado en casa, ahora la joven Magdalena Quiroga se va a poner a limpiar con cariño la habitación y nunca ha sido más triste y fatigado el derecho del narrador, saber que a esta misma hora en Southampton el ferry que viene a España, y el inglés y la *Daisy II* facturada con todas las vacunas en regla, faltan tres días escasos.

LOS BRAZOS DE LA I GRIEGA

No quisiera volver al valle alto del corazón del Nepal, ahora que sus hoteles se parecen a los grandes hoteles del mundo.

Hace años, aquello era otro mundo. El celo de los países cerrados gobernaba el barracón que era entonces el aeropuerto de Katmandú. Ya el trabajoso visado nos había servido de advertencia, con su letra apretada y el sello enérgico, como grabado a fuego sobre una página entera del pasaporte. ¿Pero no era eso lo que habíamos venido a buscar, la emoción de lo diferente? Los árboles del valle desplegaban formas y matices extraños, las flores reunían olores que eran al mismo tiempo funerarios y alegres. Una estatua de elefante plantada en la plaza, de pronto nos sacó del engaño y se puso a marchar con toda su majestad perezosa. Los mendigos no eran mendigos aunque no les hiciesen ascos a las monedas, bardos de una casta musical que se sucede en la melodía de los violines elementales. Y no había perros callejeros que nos siguieran sino monos callejeros que nos asustaban de broma para reírse. También nos miraban los nepaleses, nos sonreían, creo que se burlaban con mesura de nuestra fealdad extranjera.

—Todo esto cambiará pronto —prometió el señor Randa Gauti Shama, sin saber que en el fondo nos desconsolaba.

Su sonrisa de intérprete era infatigable. La verdad es que la gente era hospitalaria. Nos dejaron entrar a la casa donde habita la diosa viviente, una niña elegida y gordita que se acercó a la ventana de celosías miniadas y nos miró y se dejó mirar, hasta emprender una huida de pájaro al solo intento de una cámara fotográfica. Y en cualquier calle de maderas y de panes de oro nos salían al encuentro las procesiones.

A los fieles no les bastaban sus altares, los oficios tempranos con las ofrendas de magnolias o hibiscos y bastones de incienso. Había que mover y trasladar las imágenes y los estandartes que las preceden. Marchar de un templo a otro con la divinidad a hombros, cuando no en carros enormes, por en medio de las calles estrechas.

Yo podría muy bien haberme ahorrado el asombro. Porque al fin y al cabo, en otro valle que yo sé, el año empieza con el Santo Tirso a hombros y sigue con las Candelas y los dieciséis desfiles de la Semana Santa, y el día que no sale la Divina Pastora es porque hay alfombras y ramos para la carroza del Corazón de Jesús...

Todavía estábamos en la capital del reino, antes de que en el santuario de la montaña pudiéramos escuchar que Todo es Uno como Uno es Todo e idéntico; antes de la curva de la carretera subiendo, donde yo vi como en un relámpago la curva mal peraltada de Ruitelán, que está cerca de Lugo...

Ahora pienso si debo seguir adelante con una historia que me prohibí a mí mismo, temeroso de la incredulidad irónica de los otros. Pero quizá haya llegado el tiempo en que hay que contar lo que no queramos que se disuelva del todo con nuestros propios huesos... En Daksin Kali el lugar está consagrado a la diosa que significa la victoria del bien sobre los demonios. Los sábados se arraciman allí los fieles para sus letanías, para sus ofrendas apremiantes después del sacrificio de los animales indefensos. La carretera arranca del altiplano que es Katmandú, y va trepando suavemente, después arrecia contra el fondo no demasiado lejano de los Anapurnas, codiciados por todos los escaladores del mundo.

—Este pueblo es Chobar —detallaba Randa.

Mis ojos iban atentos, descansados y lúcidos, mirando por la ventanilla sin cristales de un ómnibus viejo.

—Ahora pasamos por Kirtipur.

De tiempo en tiempo, Randa Gauti Shama nos hablaba de sí mismo. Su primer nombre le había sido dado por el brahmán, por mandato de los horóscopos. El segundo, sí, había sido el capricho venturoso de los padres. Shama era el verdadero apellido, el símbolo del clan que se transmitía de padres a hijos.

—Ahora al subir la cuesta veremos Sheshnarayan.

Debí de tener un sobresalto perceptible, porque Randa me miró con sorpresa. Se sorprendió más cuando le dije que íbamos a entrar en una curva peligrosa. Yo no podía evitarlo. Era una sarta de premoniciones interiores, que apenas sin tiempo para dudar se convertían en evidencias. No pude dejar de anunciar en una voz no muy alta, pero segura, que luego aparecería un molino aprovechando la fuerza del torrente que cae desde las escarpaduras; que más allá encontraríamos un grupo de pallozas, aunque en Nepal el techo con las pajas entrelazadas imite un poco el lomo curvado del elefante.

Randa se sonrió brevemente, por un momento temí que lo comentara con los otros de la excursión.

Pero en seguida volvió a la seriedad, y luego, de pronto, le vi una reverencia emocionada hacia mi persona cuando profeticé la cercanía de una tienda mixta, con calderos de chapa negra y zuecos humildes y sacos de pimentón y refrescos.

Fui yo mismo el que le quité importancia al asunto: una carretera que va del valle a la montaña debe parecerse a cualquier otra que vaya a la montaña desde el valle... Cuando el coche atacó el último repecho, a mí no me quedaba de todo aquello más que el sabor de una broma, la impresión de un juego que pareció borrarse definitivamente cuando nos sumergimos en el turbión de colores y de sonidos que era el santuario.

Los creyentes acudían a manadas, bajaban de aldeas que no conocían la luz eléctrica. Por entre el eterno comercio, que aquí cambiaba por rupias la mantequilla fresca enrollada en hojas de berza o la menuda semilla del repollo o los aperos de la agricultura, pasaba y repasaba todo un rosario de parroquianos con cirios y flores hacia el camarín de la deidad impávida. Había que arrimarse hasta la dispensadora para que ella «viera» con sus ojos de piedra preciosa y tomara nota de quién es quién, y de la generosidad o la tacañería. Al fin y al cabo, debía de estar en juego la forma bajo la cual volveríamos todos en una reencarnación diferente, más alta o más baja según nuestros actos. Se oía recitar los libros sagrados, las cosas de sobre la tierra son irreales y engañosas. Todas las cosas salvo el Brahma, el alma universal, que comprende cuanto está creado e incluso por crear. Porque Dios es todo, y Todo es Dios. Nos abríamos paso entre el olor confundido de la santidad y de los cuerpos sudados...

No sé cuánto tiempo pasó, pero debí de quedarme inmóvil, en el atrio del templo, perdido de mis compañeros, embobado en la melodía obstinada de un tocador de *sarangi* que a su vez estaba embobando a una serpiente apacible. Me empujaron con suavidad. Yo dije instintivamente «*Sorry,* perdone». Me aparté y miré el rostro del hombre, sin saber si quería pasar o pedía limosna o me bendecía. Se parecía al señor Adolfo el de Ambasmestas. Hay quien tiene la manía de los parecidos. Dicen que es propio de los que padecemos astigmatismo. El señor

Adolfo el de Ambasmestas era un campesino que bajaba al mercado de Villafranca, hasta que se murió de aquella muerte tan tonta. Tenía una tartana preciosa, y mi corazón guardaba para él uno de esos amores radicales con que un niño distingue a uno o dos adultos, no más, durante toda su vida de niño. El señor Adolfo el de Ambasmestas era un paisano honrado, y a mí me llevó a alguna fiesta, los días de mercado me dejaba subir a su tartana hasta las cercanías de Pereje, allí me regalaba una manzana y yo venía mordiéndola a trozos pequeños para que me durara los dos kilómetros jubilosos del regreso. Se comprende que fuera mi primer dolor de hombre, porque la del señor Adolfo el de Ambasmestas fue la primera de todas mis muertes. Allí mismo, delante de nuestra casa lo tiró un coche contra un charco en el suelo y él sangraba despacio, nada más una brecha entre la muñeca y el codo que mi madre le lavó con agua oxigenada y todo el cuidado. Ya limpia de tierra, de barro, la herida era una Y mayúscula, con los brazos abriéndose como dos regueros dibujados hacia la sangría... En el Nepal también reside en la cabeza la fuerza para los pesos, vi a una mujer llevando su feixe de leña, sólo que no iba vestida de paño negro y sí con una tela viva de colores. Tampoco el hombre aquel que me tocó con la mano iba trajeado de pana oscura, llevaba una chaqueta de lana espesa y a cuadros, con botones que acaso fueran piezas de monedas gastadas, llevaba un gorro o bonete de punto, una faja de seda rodeándole la cintura y allí un puñalito curvado que más parecía de adorno. Me fue imposible apartarme de su cara, donde parecían dibujarse los rasgos de una edad inmóvil. Yo no había pensado nunca en los ojos del señor Adolfo el de Ambasmestas, quiero decir, en su forma o en su color. Los ojos no son ellos mismos sino la mirada. Éstos de ahora me miraron derechamente, con toda la lentitud de Asia, y en aquella eternidad estuve seguro de que querían decirme algo. Sus labios, en cambio, no se movieron. Cuando fuimos impelidos y separados por la multitud, que trenzaba alrededor del templo la forma del círculo, sentí que todo empezaba a ser diferente. Evoco un malestar que algo tenía de dulce, el vuelo de los sentidos contraponiéndose a la pesadez creciente de los pies. Acaso sólo estoy describiendo el enrarecimiento del oxígeno en el aire, lo que nos habían prevenido del mal de altura... No sé si he dicho ya que el señor Adolfo el de Ambasmestas me convidó un año al santo milagro del Cebreiro, la fiesta grande de la cordillera. En el Cebreiro hacía sol. En cambio, era un día de mucha lluvia cuando estalló el coro de las lamentaciones porque cómo podía morirse por una pequeñez así un hombre como un castillo, si pensáramos en el tétanos habría que estar poniéndose inyecciones toda la vida, tú viste la herida desinfectada, me decía mi madre todavía incrédula, y es verdad que yo la había visto con todo detalle y la seguía viendo y la vería toda la vida. El señor Adolfo el de Ambasmestas peleó durante días y noches en una habitación cerrada, enclavijado sin poder masticar ni moverse, todo lo que sea recordar o hablar de enfermedades me acelera el pulso, estábamos a muchos metros sobre el nivel del mar y el suelo que pisábamos en Daksin Kali era una tierra negra y grasienta, salvo donde estaba cubierta de algún estiércol, seguramente lleno de microbios. Pensé que podía morirme aquí mismo. Comprendí que el remedio era moverse, seguir a través de los gritos y los pregones. Nosotros habíamos viajado a Nepal por curiosidad, pero yo sentía como una llamada antigua que no acababa de explicarme. Sólo faltaban unos pasos para completar el círculo que debe recorrer en Daksin Kali un peregrino devoto. En el final del círculo estaba *él,* otra vez mirándome con sus ojos de cobre. Mirándome a mí, el único, entre toda la humanidad. Esta vez esbozó una sonrisa mostrando la masticación de la droga suave que le oscurecía los labios. Escupió con decoro el jugo del *betel.* Y habló:

—*Bhagemani hunuhoz, namaste, namaste.*

Randa me tradujo estas palabras en la cantina del aeropuerto, cuando ya estábamos despidiéndonos: «Suerte, suerte, ¡Saludo al dios que hay dentro de ti!»

Pero yo no le dije en dónde las había escuchado. Tampoco le había contado a nadie, a lo largo de tantos años, que el nepalés de las montañas se subió un poco la manga de su chaqueta de lana, lo justo para enseñarme una cicatriz como es imposible que haya dos en el mundo.

EL HILO DE LA COMETA

SOUVENIRS

«12 pilas petaca, 25 ídem tubulares, 25 lámparas medio opal.»

—Qué difícil es todo. No aprenderemos nunca.

—Aprenderemos.

El hombre leía en el papel largo y amarillo que estaba sobre un cajón, contaba varias veces las piezas, luego ponía una cruz. Pronunciaba con dificultad. Al principio, para cada partida, solía ensayar la traducción a su idioma, pero comprendió que aquel esfuerzo no llevaría a ningún fin. Que tendrían que acostumbrarse a decir pilas, lám-pa-ras.

—¿Te das cuenta, María?, esto es el comprobador.

—Sí, Esteban, el...

En el local cerrado, la mujer tuvo que levantar la voz. Se llevó las manos a los oídos mientras por las ondulaciones de la puerta metálica pasaba, como todas las noches, un bastón, un palo, no se podía saber. Se aplicaba el comprobador a las pilas y saltaba la luz. El suceso dio al hombre y a la mujer un triunfo, la confirmación de que habían comprado cosas que de verdad valían, de que todo aquello era más que un juego. Ella su infancia con nieve, Alex, Josip, Milocha; vosotros venís a comprar, yo peso las cosas en la balanza y os las envuelvo en el periódico, luego me pagáis con piedrecitas pequeñas y limpias, cada piedrecita es un dinar.

El hombre siguió inclinándose sobre las cajas, tanteando con las manos entre la viruta. A veces los objetos se defendían apretados y había que arrancarlos con decisión, pero siempre estaban al cuidado las otras manos, femeninas y tiernas como si recogieran criaturas sensibles. Qué sorprendente cada nueva partida, y ahora venían grandes bolsos de plástico para cada signo del zodiaco. Buscaron el Géminis y el Capricornio, todas las predicciones anunciaban venturas, claro, los bolsos eran para la venta. Luego salieron otros que traían grandes letras como movidas por la brisa: Mallorca, Cadaqués, Marbella.

—Fíjate —habló ella—, son nombres con sol, alegres.

—Lo alegre es ser libre —murmuró el hombre.

Hablaban en su idioma. Si callaban, sentían afuera, a través de la puerta de chapa, lo esquinado y hostil de las palabras que no se entienden, frases sueltas, desflecadas, rotas— y a lo mejor eran tan simples como catarro, o llueve, o esta noche se lo digo sin falta.

Mallorca, Sitges, empezaron a repetirse los lugares, se derramaban, inundaban el damero reciente y pulido del pavimento.

—Ya no hay sitio en el suelo.

—Debemos montar las estanterías.

Era como un mecano. Bastaba con un martillo, unos alicates, casi nada. Todo engranaba con exactitud, las baldas a la altura deseada, separadores de vidrio, los portaprecios de aluminio, las cantoneras de remate. Y como final, el copete que se iluminaba, y en efecto se iluminó, otra vez la puntualidad de la luz y se veía que no los habían engañado.

Se pararon a contemplar la obra. La pieza larga y estrecha había cambiado con los anuncios que en la sangre de los novicios ponían una impaciencia temerosa. Pero en medio de todo, por encima de todo, brillaba el pequeño marco con la licencia. Lo miraban una vez más, ellos sabían mucho de esperar un papel, esperar, esperar, y la intolerable prisa del corazón cuando un dios uniformado y cruel detrás de su mesa levantaba la mano y en la mano la estampilla de caucho, carné, ración, permiso, salvoconducto, visado.

—¿Crees que estará en regla? ¿Absolutamente en regla?

—Claro, Esteban. Por qué no vamos a tener confianza.

Tenían los estantes y volvieron con animación a desventrar los bultos grandes, corbatas, espadas de Toledo con pedrería, cremas para la piel, papel de cartas, cada partida era una cruz junto a un renglón y así se iba haciendo más fácil el problema, aprendían que en las dudas vale más apartar lo difícil, como se deja una columna del crucigrama y a la próxima pasada tenemos regalada la clave. Gitanas con guitarra, gitanas con clavel, gitanas con castañuela. Y, de repente un cambio, ahora todo lo que salía era de Myrurgia. Myrurgia. Myrurgia.

—Algún día compraremos cada artículo a su fabricante —decidió el hombre.

La mujer indagaba en una cajita de cartón suave, con cuidado, volvería a envolverlo como venía. Pero el encuentro con el cristal lujoso la turbó y el frasco escapó de sus manos para deshacerse contra el suelo.

—Olvídalo. —El hombre se había vuelto en la pequeña escalera de mano—. Quién sabe si nos traerá buena suerte.

La mujer puso un tiento exagerado en la tarea de desembalar, casi un temblor. Dieron en salir cabezas de apariencia sólida, cabezas memorables pero frágiles. Chopin, Wagner, Mozart, Beethoven, cada uno en su pedestal, tan firmes en su reputación y ahora eran una inquietud, un riesgo que la mujer iba salvando desde la caja al estante mientras el hombre punteaba 1 Chopin, 1 Wagner, 1 Mozart, 2 Beethoven, las estadísticas (según el viajante) aseguraban que Beethoven se vende el doble que sus compañeros de colección. Después de las cabezas, vino la música misma, un cenicero con melodía, un cañón con transistor.

—Los cañones son simpáticos, yo no los veo amenazadores.

—Todo lo excesivo es insignificante —respondió el hombre como si recitara lo dicho ya por otro—. Es peor una pistola.

—O esto —palideció la voz de la mujer. Sus manos se crisparon sobre una metralleta, aunque se veía que era un juguete. El hombre se la quitó en silencio.

Panoplias, trabucos.

Y de pronto, termómetros, termómetros-guitarra, termómetros-llave de portón, termómetros-vieja diligencia, todos con el mercurio a nivel distinto como puñado de relojes desafinando en una relojería. Pero aun el que menos marcaba, marcaba mucho. La mujer, como si hubiera necesitado aquella evidencia, se quitó alguna ropa. Pasó cerca del hombre y éste la alcanzó con su mano nervuda, la atrajo hacia sí y la retuvo. El expositor de las postales se echó a girar. Sabían que la chispa podía encenderse ahora mismo, pero también que podrían seguir enlazados sin otra consecuencia que la ternura, fruto de madurez. Se detuvo el expositor de las postales.

Fue una invasión de burritos de peluche, botas para el vino con vivas y desplantes grabados sobre el cuero, panderetas, panderetillas, abanicos surtidos, y detrás como en una orquesta el bando del metal con los cenacheros plateados, los gallos, para qué tantos gallos de estaño y cobre, los quijotes sueltos y los quijotes con su sancho. Salieron cuadros, óleos andaluces, y entre ellos, un caserío vasco. Ya eran pocas lagunas. Pareja Benemérita, extra, tamaño 3.

Los últimos en entregarse fueron los ponchos. Eran de leacril. En cada uno dominaba un color.

Los colocaron a capricho y la mujer dijo con voz excitada:

—Fíjate, Esteban, hacen nuestra bandera.

El hombre cambió el orden de los ponchos.

—Nosotros no tenemos bandera.

En la costa amanece pronto. A las nueve había que abrir.

BELTRÁN PRIMERA ESPECIAL

«¡Ahora!» «Ahora mismamente —pensó el chófer del autobús— va a asomar el torazo negro del coñac.» Y los cuernos del anuncio empezaron a asomar.

«¡Ahora! —se dijo el hombre un poco más adelante—; ahora va a quedarse agotada la segunda, y punto muerto, y primera, y algún viajero, quién sabe cuál, va a decir Beltrán que nos quedamos.»

—¡Beltrán, que nos quedamos! —dijo desde atrás un guardia de la pareja que había subido al empezar el puerto.

Beltrán se sonrió frente al retrovisor, orgulloso de su sabiduría. Porque llevaba veinte años haciendo la lanzadera, cada día cinco horas desde la villa a la capital y cinco y media desde la capital a la villa, sus sentidos se anticipaban a las peripecias del viaje. Él mismo se asustaba, a veces, de su don profético: «Allí va a brincar una liebre.» Y brincaba. Y si no una liebre, una donecilla.

Beltrán era fuerte y rudo. Por nada de este mundo cambiaría su oficio. Llevaba el volante con la seguridad de un héroe antiguo que se abriera paso entre mil asechanzas. Todos confiaban en él; con Beltrán, primera especial, no pasaría nada malo. A su lado, en el asiento delantero, tenían plaza los notables de la villa, como el párroco, cuando iba a la Curia y el brigada de la Guardia Civil; pero muchas veces era un niño, o un anciano, o una rapaza sin malicia, confiados a la tutela de Beltrán. A Beltrán —y de paso a su compañero, el cobrador— lo convidaban en todas partes, pero él no abusaba jamás.

Venían de regreso aquella tarde, como todas las tardes.

Por la mañana —como todas las mañanas— el coche de línea había salido del pueblo a las seis y cuarto en punto. Partía de la plaza. Desde media hora antes, por las calles mudas y solitarias iban llegando los viajeros del alba, como fantasmas, como conspiradores. Ponían sus cestas y paquetes, también alguna maleta, alrededor del ómnibus adormilado en la media luz del amanecer. Luego se desentumecían paseando, tosían, encendían cigarros. Los viajeros miraban a la ventana de Beltrán, que vivía en la misma plaza. Sólo cinco minutos antes de la salida, cuando ya el cobrador había colocado los equipajes en la baca, Beltrán aparecía como un primer actor, trepaba a su puesto de mando y encendía el motor para que se calentase. Luego arrancaba con solemnidad, enfilaba una calle estrecha haciendo retemblar los cristales de las galerías, y atrás quedaba la plaza con sus soportales desiertos, dominio de los perros que se buscaban para hacer sus cosas. Cuando el autobús llegaba a carretera abierta, Beltrán hacía recuento mental de los pasajeros. Casi ninguno le fallaba. Aquél, a los exámenes; tal otro, a arreglar lo de la multa; la pobre mujer, a que la radiaran; la señoritinga, a ver zapatos en la capital... A veces, pocas, el enigma de alguna cara desconocida; el conductor se inventaba entonces, para sus adentros, toda una historia novelesca y sentimental.

Coronó el coche la cresta del puerto. La tarde estaba más oscura en la nueva vertiente. Anochecía. Al iniciarse la bajada disminuyó el jadeo del motor. Se acercaba la hora de premiarlo con una tregua, de que Beltrán y el cobrador y los viajeros se premiasen también con el bocadillo y el trago de vino fresco.

Durante años, al aproximarse este momento de cada día, Beltrán solía alegrarse con un gozo sencillo y puro. Sin embargo, ni aquella tarde ni en todas las tardes de aquel mes había sentido otra cosa que no fuera desazón, hormigueo que hubiera querido vencer. No lo había hablado con nadie, ni siquiera con su mujer, pero él bien sabía la causa en lo callado del corazón: La costumbre de veinte años, que le hacía parar el coche junto al tabuco de la señora Camila, había sido rota sin más ni más, y ahora el autobús pasaba de largo y no se detenía hasta el bar de la gasolinera nueva, rutilante de luces, con aparatos cromados para hacer café o cortar el jamón. Beltrán quería justificarse a sí mismo por la comodidad de los viajeros: En la taberna de la señora Camila apenas podían merendar otra cosa que cecina y pan. Y luego, las necesidades... En la nueva parada, en cambio, había servicios higiénicos —las mujeres en la puerta del abanico; los hombres en la de la pipa—; por haber, había hasta una máquina tocadiscos. Con todo, Beltrán no llegaba a tranquilizarse. En realidad, el momento penoso era el de pasar cada tarde por delante de la vieja taberna, ahora apagada y triste, como si estuviera maldita. Difícil, sobre todo, cuando *Niche* el perro de la casa, que solía esperar a la puerta, se lanzaba sobre el coche de línea sin entender, ladrando lastimero junto a las ruedas. Beltrán aceleraba entonces con rabia y pronto dejaba atrás al que durante viajes y viajes fuera su amigo zalamero.

Aquella tarde el *Niche* estaba, como siempre, sentado a la puerta de su ama. Beltrán, que ya lo venía viendo desde lejos, no tuvo que aguzar su visión profética para decirse: «¡Ahora!» «Ahora mismamente va a desperezarse, y va a dar un brinco, y va a esperar que el coche llegue para seguirlo hasta que no pueda más.»

Pero *Niche* no hizo nada. Aquella tarde ni siquiera rebulló cuando el coche llegó a su altura, sino que se estuvo quieto, y el conductor creyó verle en los ojos, al pasar, una tristeza resignada y última, como si fueran los ojos de un hombre que ya no tiene nada que esperar...

Beltrán sintió una rabia inmensa, mucho mayor que cuando el perro lo importunaba siguiéndole.

De repente, con susto de los viajeros, pisó el freno hasta que el coche se detuvo con un gemido largo. Luego lo hizo recular despacio, despacio, hasta arrimarlo a la vieja taberna; tanto, que todo el recinto oscuro se iluminó con las luces del autobús.

EL HILO DE LA COMETA

Esta historia podría escribirla un novelista o servir para una película. Era en Barajas y de madrugada. Un hombre al que llamaremos Juan y una mujer que cualquiera puede adivinar que se llama Liliana, están hablando en la barra del bar internacional, y todo parece una fiesta. Las luces y los altavoces de los aeropuertos les dan mucho ritmo a las esperas. Bajan y suben las escaleras rodantes. Sobre la cinta continua avanzan maletas anónimas junto a las que llevan etiquetas de hoteles como si fuesen condecoraciones. Hay un reloj en que se adivinan otras vidas, gente que ahora mismo estará en el trabajo, o fornicando, o metida en un tren: Aquí son las dos horas cuarenta minutos; son en Tokio las diez horas cuarenta minutos; Buenos Aires se acerca a la media noche.

En esto, una voz se insinúa y luego se propaga melosa hasta los últimos rincones del aeropuerto. Nos conviene reproducirla.

Los señores pasajeros de Iberia con destino a Río de Janeiro, Montevideo, Buenos Aires, Santiago de Chile, tengan la bondad de pasar a la Aduana de salida, puerta número dos.

Pausa.

Iberia passengers flying to Río de Janeiro, Montevideo, Buenos Aires, Santiago de Chile, are kindly requested to proceed to the out going Customs hall gate number two.

Y en seguida:

Messieurs les passagers d'Iberia à destination Río de Janeiro, Montevideo, Buenos Aires, Santiago de Chile, sont bien priés de se présenter à la douane de sortie, porte numéro deux.

Con el prestigio de las palabras se confirma lo cosmopolita y audaz, los personajes olvidan la identidad de sus pasaportes para sentirse otros personajes: empujados, dirigidos, flotantes, como si desde una torre alguien hubiera gritado: ¡Acción! Unos frailes capuchinos van los primeros; ningún abrazo dejan atrás. Se aprietan los niños a sus tuteladores. Unos hombres grises marchan hacia la puerta número 2 con sus carteras, algunas mujeres van hacia la puerta número 2 con sus muchos y necesarios brazos.

Ahora le va a tocar a Liliana.

Es una señora hermosa y alta. Es fácil suponer cómo la ven los hombres que están en la escena, y también las mujeres, Liliana no entra en una reunión o en un lugar público sin que las miradas se dirijan a ella. A Juan le halaga la suposición, que en el tiempo que llevan de matrimonio se ha convertido en certeza. Se siente felicitado, envidiado por aquella pertenencia lujosa. Juan la besa, Liliana se deja besar, el beso que puede esperarse de una despedida bajo los focos. Ella va a volar y el hombre va a quedarse en tierra. Él se ha quedado con la mano en alto, pero qué otra cosa puede hacer un hombre, ahora que, de repente, su mujer es más hermosa y patente que nunca. La mujer está a punto de desaparecer por el hueco que lleva a la noche, al aire más alto que las cordilleras. En el mundo de los aviones todo promete seguridad bajo la luz copiosa, Liliana marcha segura como ha nacido y vivido. Sólo un tropiezo casual (o el destino, nunca lo sabes), y el abanico de las revistas ilustradas cayéndose de las manos tan cuidadas de Liliana, tan firmes.

—Permítame, señora.

—Oh, lo siento, pero no se retrase usted por mi culpa. —Unas cortesías así.

El compañero de viaje de Liliana podría llamarse Gerardo, o Alberto, o mejor Roberto. Tras aquel apresuramiento solícito, Roberto todavía se vuelve para un adiós apurado. A Roberto le corresponde desde el grupo solidario de los que se quedan una mujer borrosa que levanta un pañuelo menudo como ella misma, y vamos a poner que se llama María.

La puerta, definitivamente, se cierra. Se ha cerrado la puerta, *porte, gate* número 2. Quienes se quedan tienen por un momento la sensación de haber sido rechazados, y una rara fatiga, la resaca de después de la fiesta. Van andando despacio hacia el exterior del aeropuerto, pronto olvidados unos de otros. Ya afuera, al sereno, el rugido de un reactor.

Sobre la gran explanada se extendían los coches, con su chapa tomada de escarcha. En un momento habían desaparecido los taxis.

—Si usted acepta venir hacia el centro...

La mujer menuda, insignificante, no se sorprendió demasiado. Se acurrucó contra la portezuela en el asiento delantero, dejando todo el espacio posible entre su cuerpo y el conductor.

—Me he permitido ofrecerle... Es como si nos hubieran presentado, mi mujer va a Río, y me parece que el marido de usted será su compañero de vuelo...

Ella debió de notar que el coche estaba recargado de perfume. A las mujeres les gusta identificar los perfumes, el perfume de la otra. Olía a cuero nuevo de tapicería, a tabaco rubio y, por encima de todo, a *Arpège*. Pareció que iba a estirarse la falda, pero se contuvo. Luego se fue desovillando poco a poco hasta quedar sentada sin recelo, con naturalidad.

El coche es de dos plazas, de muchos caballos. Pero rodaba despacio por la autopista. Coches modestos lo adelantaban sin esfuerzo, seguramente con vanidad. La viajera observaba con el rabillo del ojo, alargado por la pintura, el perfil impasible del conductor y las manos atractivas (ojalá), y velludas, emergiendo de los puños blancos de la camisa.

En algún momento, el conductor accionó la palanca del cambio y la mano experta rozó el flanco de la mujer. Un cuerpo tan próximo, desconocido. Y por qué no pensar en un cuerpo palpitante y cálido. Cuando el lance se repitió, el hombre se volvió sin rodeos hacia la compañera. La mujer estaba creciendo en importancia. Era un pequeño regalo, sí, pero «envuelto por Loewe», pensó el propietario del *MG* rojo matrícula de Bilbao.

Pasaban cerca de los grandes edificios comerciales, bajo los grandes rótulos encendidos lucían como un anuncio más las plantas enteras iluminadas, probablemente vacías. Los avisos de la carretera conducían, clasificaban los vehículos hacia los puntos cardinales de la ciudad. Pero Madrid son muchas ciudades. En medio de las marcas de fábrica legendarias se extendía de pronto un solar de la chatarra y la escoria, se prolongaba, manchaba el mundo con su fealdad. El hombre de los puños blancos apretó un botón y del rectángulo de la radiocasete empezó a brotar un chorro de música falaz. Pisó el acelerador, y la máquina le respondió con repentina fiereza. Los árboles cada vez más escasos venían al encuentro del coche y visto y no visto desaparecían. Las mujeres entienden siempre. La mujer se iba entregando sin una palabra, sólo algún abandono, un resbalamiento sutil.

Cuando enfilaron María de Molina, propuso el hombre:

—¿Un traguito? ¿Un whisky?

—¿Y por qué no?

El auto giró en el punto necesario, el conductor conocía el lugar conveniente. Luego, el auto se detuvo con una frenada deportiva y algo arrogante, como el gesto de algunos galanteadores maduros. Nadie sabría decir si el establecimiento no había cerrado en toda la noche o si acababa de abrir. Juan ofreció su mano a la mujer. La mano de la mujer era como un pajarín. Quedaron atados por aquel calor, tan dulce y sensible bajo el desentono de la madrugada.

Si esta historia la estuviera escribiendo un novelista o un guionista de cine, terminaría de otra manera. Yo soy Juan y sé cómo acaban en mi vida las aventuras. Cuando nuestros ojos estuvieron frente a frente, los dos a un tiempo nos desencadenamos. Los dos levantamos la mirada al cielo manchado de la ciudad, y un hilo invisible nos unía con las nubes, el hilo de la cometa.

—Ya irán volando sobre el mar.

—Sí, ya irán ahora sobre el mar.

Entramos. Los dos pedimos café con leche y nos echamos a reír.

MIENTRAS VIENE EL TRENILLO

—A lo que estamos, mujer, mira esa chica que no para.

—¡Ven, Encinita! No hagas enfadarse al abuelo.

El hombre sacó el pecho. Miró de reojo a las extranjeras, qué buenas están, y las extranjeras se sonreían. Habrán oído lo de abuelo, y le dio rabia, sin caer en que las extranjeras se sonríen tontorronas cuando no entienden lo que se dice. Subió el volumen del transistor.

—Qué descaro. —Habló bajo pero con encono—. Los chicos con sus padres. ¿O acaso te crió alguien a los tuyos?

—Éramos de otros tiempos —respondió la mujer con humildad. Más de veinte años casados y no se le quitaba aquella cosa de la mañana siguiente de la boda, cuando le preparó el desayuno y él tenía que marcharse a trabajar en la obra.

—Si sé esto, de qué. —Se sacudió la ceniza de encima del pantalón nuevo—. Valiente fiesta.

—Pero la extraordinaria...

—Podían quedárselas, las extraordinarias, y que aumentaran de cara el jornal. —Era gruista, estaba contento con la grúa nueva, pero su oficio de marido era la cólera—: ¡Y a ver si paras el ventilador!

La mujer dejó de darse aire y él reconoció para sus adentros que era mejor cuando la mujer se daba aire, pero gruñó aún y soltó contra el cemento un escupido breve y de hombre. Las extranjeras, qué piernas, su madre, se pusieron serias como si en vez de un poco de saliva con tabaco hubieran soltado una rata. España es también para los españoles, o qué. Pero resultaba un poco violento que las extranjeras hubieran dejado de sonreírse con sus muchos dientes iguales. Fue a cambiar de emisora y tanteaba aquí y allá, sorteando las de los moros. Cuando notó otra hebra en la punta de la lengua la condujo al labio y esta vez la recogió disimuladamente con el pañuelo muy limpio y sin desdoblar. Por no mirar a las extranjeras se distrajo con los azulejos del zócalo de la estación. Uno era un león, otro como una flor de la que sobresalían tres hojas. Y un león, y una flor. Si la menos flaca se ha movido un poco se le estará viendo el mismísimo y un león, y una flor, y el sueño que le estaba entrando, maldito verano que siempre andamos con sueño los que tenemos que trabajar, ¡que mires por esa chica, no sé cómo te lo van a decir!

—Ven, Encinita, las niñas tienen que obedecer.

El hombre se levantó, abrió los brazos y se puso a estirarse. Luego fue con desgana a avizorar la vía. Volvió al banco de azulejos, insultó a la Compañía, y el sueño empezaba a vencerle. Dio con el codo en el cuerpo ancho de su mujer, que le dejó más sitio, y ya no podía saberse de él como no fuera por algunos ronquidos sueltos. Entonces las extranjeras volvieron a sonreír con simpatía, pero el hombre no podía verlas. La mujer sí las veía y sonreía también, todas como si fuesen cómplices de algo.

Le ocurría siempre que estaba junto a su hombre dormido. Saberlo fuerte pero dormido, con lo cual podía una hacerse figuraciones, volver a cosas pasadas que era adelgazarse la cintura y ningún hueco en la boca, todo en secreto, casi como una mujer mala pero sin llegar a ser una mujer mala. La radio toca canciones andaluzas. Qué cosa tan dulce y de llorar daban las canciones andaluzas allá en el Norte, de noche más. Por los arcos del porche del pequeño andén asalta el sol inclemente de julio, Los Boliches, Torreblanca, Carvajal, la pizarra negra con sus letras blancas, Tra-in ti-me ta-ble, Carvajal, Benalmádena, Arroyo de la Miel, Torremolinos, El Pinar, Sanatorio Marítimo.

Aquella letanía le trajo encadenada otra letanía. Cambiaban las palabras pero no cambiaba la música: Albares, Brañuelas, Torre, Bembibre, Ponferrada, Toral de los Vados. Las canciones de la radio de entonces no eran andaluzas del todo pero decían mucho corasón. Su hombre también decía corasón cuando andaba en lo del pantano, y madre que tenía entonces una cara alegre, le decía a ella que se dejaba enamorar por la novedad. El correo que venía de Madrid pasaba por Toral al mediodía. El exprés pasaba de madrugada, no eran horas para una muchacha, sólo alguna noche de verano lo pudo ver y era un tren misterioso y dormido cargado de muertos. Lo mejor era el correo que todas las tardes venía de Coruña y Vigo. ¡También tenían suerte en Toral!, que les tocara el de Galicia a la hora de darse una vuelta las chicas. Bajaban a la estación y andaban arriba y abajo por el andén, desde la cantina hasta la otra punta. Si estaba Rosa, qué habrá sido de Rosa, iban hasta casi el urinario de caballeros y Rosa fijaros fijaros, y las amigas no seas loca, Rosa. Miró para el compañero con aprensión. Dijo muy bajo:

—Encinita, niña, no vayas a despertar al abuelo.

Al *gallego* lo presentían bastante antes de que asomase por la revuelta. Entraba en agujas un toro largo y furioso y la gente se apartaba a empujones contra el edificio de la estación, hasta que el tren se paraba del todo. Toral era por unos minutos una ciudad importante como León o Monforte de Lemos. Luego las chicas iban a casa a ayudar para la cena y algunas noches tenían sueños que no se pueden contar a las madres. A las madres no les contábamos nada, Sanatorio Marítimo, Los Álamos, Campamento, Campo de Golf, San Julián, Dé-parts po-ur Málaga. La radio se había bajado sola. O es que los locutores daban de esos anuncios suaves, prendas finas o perfumería. El sol avanzaba lento como una marea, el reloj Girod estaba parado, si el trenillo no venía pronto el sol iba a llegar hasta el banco donde se refugiaban los viajeros, despertaría a su hombre, ella no podría tener pensamientos.

Entonces salió una música de desfile de la pequeña caja del transistor, algo que a ella le pareció muy grande para una cosilla tan chica. Vagamente relacionó aquel brío con la paga de julio y con que ellos estuvieran esperando el trenillo para marchar de excursión. La música crecía, arreciaban las trompetas y los tambores aunque nadie le había dado a la ruedecilla del aparato, y pronto fue un olor ciertísimo de carbonilla mezclada con cajas de ciruelas apiladas en el muelle, el olor le venía de aquel julio de hace treinte y tantos años en Toral de los Vados cerca del muelle de gran velocidad. Un día no pasaron los correos ni el otro día ni el otro. La estación era un cementerio, y todo el pueblo era un cementerio, la gente espiaba apartando un poco los visillos, tú quédate en casa, es mejor que las chicas no anden por la calle. En el muelle de gran velocidad dejaban coger ciruelas a quien las quisiera, pero casi nadie se atrevía o acaso las habían aborrecido. Luego, de repente, empezaron a pasar más trenes que nunca y mucho más alegres que en toda la vida de antes. Fue una cosa preciosa tener dieciséis años y que viniese una guerra, pero qué bonita aquella guerra. Las mañanas eran tristes porque los mayores se apartaban para hablar bajo, parecía que se daban el parte de lo ocurrido cada noche, pero a medida que crecía el día todo el aire se llenaba de canciones pegadizas. El correo entraba a poca marcha, además de los vagones abarrotados traía por fuera racimos de hombres que lo adornaban como una cadeneta en las verbenas del Cristo. Nunca se habían visto tantos mozos juntos ni tan voluntariosos y encendidos para las chicas. Las primeras veces fue demasiado; igual que la gente salía con quesos y garrafones de vino, todo de regalo, ellas se dejaban besar y nadie las reñía por eso. Con los días la gente se fue haciendo más mirada para sus víveres y a los militares había que atarlos corto porque ya empezaban a abusar con aquello de ven mi amor que a lo mejor mañana me matan. Luego todo se hizo normal, hasta en una guerra las cosas terminan por ser normales. El correo seguía viniendo hasta los topes, y su parada era más larga, si los mozos traían hambre o sed compraban en la cantina y en vendedores ambulantes que ahora había muchos, las chicas paseaban muy dignas por el andén arriba y abajo bien cogidas del ganchete para sentirse más seguras unas con otras, no vayan a creerse ésos que aquí todo el monte es orégano. Los de las ventanillas y de los estribos y plataformas las asediaban con sus dichos, era curioso que los dichos se repitieran un día y otro como si todos los aprendieran por el mismo libro. Alguna vez consentían ellas en pararse y hablar, esto era cuando ellos tenían un poco de educación. Pero aunque hubieran estado de lo más orgullosas, cuando la máquina arrancaba y había cogido un poco de fuerza se desataban unas de otras y cada cual se hacía prometedora en la distancia creciente con adioses y gestos, y Rosa, cuánto daría por verla, echaba besos a los del vagón de cola y ellos se desesperaban y hacían como que iban a tirarse en marcha, y las cosas ya no eran como antes que ellos decían siempre vivaespaña y ahora si cuadra la madre que os parió. El transistor había acabado con los himnos. Debieran inventar que los transistores tocaran lo que una quiere, que tocasen en Sevilla había una casa y en la casa una ventana. Una tarde de calor, pero ya había pasado un verano más, acaso dos veranos, el tren estaba parado por algo de la caldera. Les gritaban a ella y a sus amigas desde un tercera: «¡Eh, pequeñas! ¡Las del biberón!» Rosa dio la consigna: «Ni caso, eh, ni siquiera mirarlos.» El andén estaba demasiado lleno, se sabía lo de la avería de la máquina y los viajeros bajaban a estirar las piernas sin demasiada preocupación, muchos a comprar vino para luego atar la botella por fuera de la ventanilla y que puerto arriba se fuera refrescando todo el tiempo. Tanta gente que ella se sintió apretada, separada de las amigas, llevada y traída, con algún hombre a su lado que en seguida era otro hombre como en los bailes donde se cedía la pareja. Entonces se le acercó uno que a ella le pareció distinto:

—Por favor, ¿dónde podría coger agua?

No había manera de acercarse a la cantina.

—Ahí fuera, en la plazuela misma.

—Lléveme, ¿quiere?

Tenían que empujar al personal. Se cogieron de la mano para no perderse. Luego resultó que no hacía falta tanta prisa. Él con su cantimplora llena. Estaban al pie del estribo sin hablar, se miraban muchas veces pero de cada vez se miraban poco tiempo. Ella estaba asombrada de aquel soldado distinto, tan serio, ni siquiera cantaba con los otros, no les decía cosas a las chicas y a ella la trataba de usted pero bien se veía que no era guasa. Con disimulo le miraba al pecho de la guerrera y a las bocamangas, no llevaba nada de mando, qué raro que no llevase una estrella, galones encarnados por lo menos, nada.

—¿Cómo te llamas? —dijo ahora tuteándola, pero dijera lo que dijera no ofendía.

—María Encina.

—¿María Encina qué?

—María Encina Castedo.

—¿Te llegará una carta sólo con eso?
—No sé... mejor poniendo...
Sonó la campana tres veces.
—¿Qué?
—Calle de la Cuesta.
—¿Y el número?
—No tiene número.
Ahora un pitido y el resoplar creciente de la máquina.
—¿Puedo besarte?
—¿Por qué?
Fue en la frente, despacio, pero luego la cara azulada del hombre bajó como un rayo a buscar mi boca y la encontró pronto pero poco abridera, ahora me pesa que estuve sosa, tendría una que vivir dos veces, él tuvo que correr y se colgó de cualquier parte, alguien debió tirar desde dentro, lo engulló el tren que se perdió más deprisa que ningún otro día y yo me hubiera puesto a morir de tristeza si no se me hubiera ocurrido el consuelo de que era domingo y él me había visto con medias y aquella blusa que más me favorecía. Las canciones andaluzas son muy tristes. No, ahora no podría oír ni por nada el ay ay ay ay, no te mires en el río, clic, apagado el transistor, el cartero no le trajo ninguna carta, pasó el tiempo y ninguna carta, porque tengo —niña— celos de él.
También aquí, en todas partes se nota cuando el tren está para llegar. Las extranjeras se arrimaban a los arcos que eran un horno, a ellas no les molesta el sol, y los viajeros arrastraban con pereza sus cestas. Pensó que debía despertar al marido, a la mujer le daba lástima por el estilo de las mañanas en que mirándolo se decía cinco minutos más, aunque ahora la lástima era por ella misma, quería terminar su historia como un niño que se esconde en un portal para comer su dulce. La historia verdaderamente no tenía final. Estaba segura de que al soldado lo habían matado antes de que le dieran papel de escribir, ella

estaba mona con su blusa y sus medias, tenía una cintura muy fina y obediente, él hubiera escrito sin falta en aquel papel de escribir que vendían con cuatro carillas y los colores de la bandera y viva esto y viva lo otro, pero tenía que haber muerto porque ella en seguida presintió que debía recordarlo como en una foto ovalada y de color marrón descolorido de las que se cuelgan en las paredes de las casas, aunque algunas noches...

—¡Pero qué país! Ese reloj parado y uno aquí perdiendo la tarde. ¿No ves cómo se ha puesto la chiquilla?

Se levantaron y apañaron las cosas. Ella le tenía ley a su hombre, lo había seguido cuando él dijo de venir al Sur. Cuando él fue allá a trabajar en el pantano se enteró de algunos amores de ella, pero por nada del mundo ella iba a contarle aquel secreto del soldado, que la cogió por la cintura, no sabía por qué pero él no iba a perdonarle una cosa tan seria, los otros amores sí, el que hubiera estado amonestada con otro novio, sí. Entonces vino el trenillo de la Costa y como si fuera la primera vez la mujer se quedó asombrada de verlo tan de juguete, luego le entró de repente una risa escandalosa, y el marido qué coño te pasa, y ella con la risa temblona que la flojaba y le movía la abundancia de las carnes arriba y abajo, y cómo iba a decir que le había dado aquello tan tonto porque el trenillo no es ni comparación con el correo de Galicia, y qué nombre para una estación Arroyo de la Miel, corasón, daría algo por saber qué ha sido de Rosa.

EL INGENIERO BALBOA Y OTRAS HISTORIAS CIVILES

A César Llamazares Gómez.

INFORME SOBRE LA CIUDAD DE N***

Cada vez que he metido en el cofre del coche las cubetas que contienen los muestrarios, el carterón con los talonarios de informes y pedidos y la maleta de mi propia ropa; y he ojeado la cuenta del hotel Ambos Mundos a reserva de una posterior y menos descarada revisión; hecho mis adioses hasta los almanaques del año próximo, lástima las ventanas del hotel Ambos Mundos, fingidas, a las que nadie puede asomarse con un pañuelo; arrancado el motor y tocado el claxon en la curva, primera de las noventa y siete revueltas hasta que pueda desembocar en la general, señalada enérgicamente con un stop: dejo la ciudad de N*** (como en una de aquellas novelas que entendíamos todos) y pienso, siempre, que me voy a dar de cara con la ambulancia... Era un setiembre muy raro (hace treinta, cuarenta, no sé cuántos calendarios hace que me lo están contando), la tienda apenas tenía gente, y los que venían era a que se lo apuntásemos; los carros de la vendimia hacían sus trasiegos calle arriba y abajo con la desgana propia de los bueyes y una poca más, quizá los amos pensaran que para qué, si otros venían a apoderarse de los racimos; la gente miraba de lado, la gente murmullaba como si todo el día fuese una misa; los músicos del cuarteto de Praga habían quedado pillados, cómo iban a marchar si los billetes del tren mentían y nadie llegaba a su verdadero destino; pero ya no les quedaba repertorio; y en el Trianón, tenían que repetir la película, pasar el Movietone Fox habla por sí mismo hasta que el operador en su cabina, los acomodadores con sus linternas a punto de agotarse, los de pase de favor, todos amenazaron con volverse locos a la enésima visión del beso de tornillo de Ronald Colman en Un aventurero audaz y los almacenes El Siglo ardiendo cada tarde por los cuatro costados; pero al final nadie se atrevía a ponerse loco ni nada, porque esa ambulancia ya usted sabe, que nos manda la Diputación a cada poco y más aún en los meses de nieblas bajas, tampoco es seguro que pudiera llegar entonces con sus loqueros fuertes y elementales, ya bien conocidos de la gente, incluso amigos... En la ciudad de N *** como bien se advierte, la manera de hablar es un poco distinta, tiene un tono que se levanta algunas pulgadas sobre lo corriente. Lo mismo si en vez de un hombre quien lo habla es un niño... Para nosotros no era malo, la vida se nos había puesto de color de patio de escuela en día del santo del maestro, y si estábamos aprendiendo algo, era una asignatura nueva que llamaban de los rumores; la mayor parte de aquel horario de relajo lo empleábamos en papelillos doblados de banco a banco y en noticias de recreo en recreo: que a Angostura la habían dejado atrás:

«¡Y pasan de cien!»

Pero al socaire del estado de excepción se abría el curso de otras cosas, internas y asombrosas; a la querida del inspector veterinario se la vio asomarse al balcón por primera vez en los siglos que llevaba encerrada, ningún chico de mi edad la conocía con otros ojos que no fueran los de pecar con el pensamiento; las bombillas de las calles se quedaban encendidas durante el día y nadie se escandalizaba por el derroche; en el atrio mismo de la basílica de Santa María nos dejaban jugar al fútbol, otro juego bonito era coger las palomas mensajeras que llegaban a cada poco y dárselas a la primera persona mayor que apareciera; y al abad mitrado por mucho cuidado que pusieran en guardar el secreto le habían hecho un traje de paisano marrón oscuro, servidor no sabía imaginarse por entonces que un casi obispo pudiera llevar pantalones, ni siquiera debajo de la sotana... El niño que me habla es hijo del cliente. El niño ya era niño y su padre cliente de la Firma cuando yo ni me había estrenado en el oficio, pero he aprendido a que no me noten ningún asombro, una plaza tan buena para los almanaques... Además de raro era un setiembre veloz porque todo ocurría visto y no visto; ya nadie se contentaba con que hubieran sobrepasado Angostura en lugar de acercarse a las puertas mismas de Ojo de Agua, y mucho menos con que fuesen cien:

«¡Doscientos!»;

sólo en la Directiva del casino de los señores estaban como si tal cosa, que pasaran de cien o como si llegaran a un millar —la voz es recia, de adulto, pero de alguna manera que no importa explicar sabemos todos que es un niño— bien poca cosa dicen los números; probábamos a imaginarlos con sus fiambreras, en bicicletas saliendo en hilera de una fábrica más grande que la basílica; o acaso quedara demasiado pacífico —Ellos el As de copas de la disolución y el As de bastos de la barbarie; nosotros el Orón de la riqueza y la Espada del orden ¡ciudadano, no lo olvides!— y mejor, entonces, tiznados de carbón hasta los ojos con las artes mineras de meter barrenos a los puentes, al culto y clero y a la gota de leche; pero pronto, bajo la influencia del cronista oficial, empezó a circular lo de los caballos; era la figuración más propia, cómo no habíamos caído, y ya nadie supo imaginar de otro modo a quienes se aproximaban... A propósito del cronista oficial, en uno de mis viajes, creo que fue el año de los almanaques con marinas románticas, yo mismo he tenido el honor... El honor es para nosotros, siéntese usted y conversamos, ahora vienen por aquí tan pocos forasteros: durante los días ominosos mantuvimos la serenidad que corresponde a una ciudad que no se ha hecho de la noche a la mañana; podría este cronista oficial remontarse a tiempos de antes de Cristo cuando los meandros del río principal arrastraban truchas, aunque pequeñas, de oro, no pepitas o arenas de oro como rebajan quienes nos envidian; o evocar la fundación de la *cité* sobre el camino de las grandes migraciones o el hecho más próximo y no muy publicado de que aquí mismo hayamos sido capital de provincia; pero aun ateniéndonos al presente, entiéndase el presente de aquel momento, constituíamos una población completa que de todo tenía salvo tranvías y puerto marítimo: Arbitrios, Biblioteca, Cabildo basilical, Colegio de Sordomudos, Dispensario, Ferrocarril, Instituto de Segunda Enseñanza, Sociedad de Socorros Mutuos; y aunque quejoso siempre por el abuso nefasto del fiado, el comercio local: alpargaterías, cererías, comestibles, droguerías, estancos, gasolinera, mueblerías, paños, pastelerías, quincallerías, zapaterías y una representación de la pequeña y mediana industria: aguardientes (fábricas de), botas pellejeras, calderería, carpinterías mecánicas, conservas (vegetales y de frutas), gaseosas higiénicas, turrones, zuecos; todo, absolutamente todo por el riguroso orden alfabético del Bailly-Baillière donde alcanzábamos la importancia de nueve columnas... Pero el niño, muy formalito, ofreciendo cortésmente de su tabaco: A mí, en el fondo, esas grandezas no dejaban de enorgullecerme, pero me parecían dudosas ante el empuje de trescientos animales nerviosos y con los hocicos resoplantes; más importancia le encontraba al detalle, propagado desde la Directiva del casino de los señores, de que aunque los caballos fuesen un escuadrón no tenían coroneles ni mapas, y aun teniendo mapas qué más daba si no los sabían entender; pero a pesar de estas seguridades, ya ni por Angostura ni por Ojo de Agua: en el mismísimo Campasmayo habían puesto sus herraduras; la cabeza ha de tener la tercera parte de su alzada; la quijada, formada con huesos bien separados y con poca carne; la cruz, alta y descarnada; el codillo, recto; la rodilla plana, ancha, tableada y enjuta; la caña, redonda y lisa; el menudillo, proporcionado al resto del brazo; la cuartilla, proporcionada también al cuerpo, y el casco, redondo, adecuado al volumen del animal, liso, reluciente y sin ninguna hendidura: así teorizaba en aquellos días el inspector veterinario sin que a nadie se le ocurriera cortarle los adjetivos, era la descripción del caballo ideal, hermoso, quien ve uno ve cuatrocientos igual de ideales y hermosos; en Campasmayo, que era como tenerlos en casa: «¿Y ahora?»

«Ahora nada —desdeñó la Directiva del casino de los señores—; con no tratarnos con ellos...»

Yo pregunté tímidamente, disculpándome con que una firma de almanaques como la nuestra sólo viene a tocar en plazas importantes, y así halagaba de paso a los de la ciudad. No me equivocaba, Campasmayo es sólo un pueblo... Y desde entonces —me puntualizan— ni siquiera eso: al maestro de escuela don Jesús María le gustaba enseñar la provincia: hala, chicos, vamos a hacer el croquis; y era con crucecitas que empezaban en los montes Ondulios y en los montes Ondulios concluían, luego de cerrar aquella forma que nos tenía un poco hartos y aún había que ponerle los nombres completos de las ocho cabezas de partido judicial y el de la capital, éste con mayúsculas; pero tal devoción escolar ocurría antes de lo de setiembre, ya usted sabe... Yo sé. Lo que en el resto de la nación representa la Conflagración, «Antes de la Conflagración», «Después de la Conflagración», «¿A usted dónde le pilló aquello?», aquí es la revolución de setiembre, por eso no se puede hacer el informe de la ciudad de N*** sin setiembre y más setiembre... Después de que pasamos tantos días abandonados del poder provincial, y hubimos sufrido la fugaz pero gravosa pisada de los intrusos pagando el precio de nuestro mártir, el maestro de escuela don Jesús María, ahí lo tiene usted tan terne, ahora con sus clases particulares de lenguas muertas, decretó que el croquis sería ya por siempre un croquis sin nombres, porque negar el nombre es destruir a quien lo posee, tan sólo con tachuelitas de cabezas de color, mudo; luego, ni eso: que hiciéramos el mapa de nuestra propia ciudad, y todos los chicos disfrutábamos porque era situar el río, RÍO, la basílica, BASÍLICA, la escuela donde estábamos, ESCUELA, y no palabras indiferentes y ajenas.

Pedido n.º tal. Cliente. Domicilio. Intercalas despacio el papel calcante, que no se te note lo impaciente. Cubres las generales de la ley. El primer renglón. 2 docenas referencia 48, tricromía, estampa navideña con escarcha. ¡Respiras! Desde ahí es pan comido para un buen viajante de almanaques, no hables, ahora es el momento de escuchar... Aquella tarde, me había mandado mi madre a un recado, cuando todo lo que compone la plaza principal o de la Constitución empezó a tomar un aire de expectación temerosa, el paseo central sin nadie, los bancos olvidados; algunos transeúntes pasaban de prisa, se detenían un instante, volvían a andar, todo con los mínimos balbuceos de hojas desgobernadas por un viento que empieza; los serenos de puertas habían desaparecido. Yo me los figuré muy adentro, hacia los cuartos consistoriales y trasteros; las columnas de los soportales, pero de esto no me di cuenta hasta años más tarde, cuando me mandaron a la Sorbonne, estaban ligeramente torcidas según las pintan los expresionistas para ponerse dramáticos; y en el aire un no sé qué de incierto, como una historia de esos narradores que al acabar su cuento, qué manía, nos salen con que el personaje estaba soñando: sólo la cortina de chapa ondulada cayendo como un párpado sobre el escaparate antes tentador, ahora vacío de los almíbares, pareció cosa real, y esto gracias al ruido; se apresuraba un rezagado,

«Están muy cerca, desde allí se oyen los cascos», señalando para las viñas altas;

«El castillo del conde no lo pasarán»,

el castillo del conde decía el maestro de escuela don Jesús María es nuestro baluarte, en el baluarte estaban ya los defensores, llevaban días a la espera; nosotros los chicos habíamos intentado arrimarnos como jugando; pero el castillo da a las calles más estrechas y prohibidas donde están las casas de mujeres, de lejos nos contentamos con ver pasar a los serenos, a los tenientes de alcalde, a los veteranos de las guerras dinásticas, a los canónigos, prebendados y racioneros, y hasta a los furtivos de puntería más fina; también socios de número del casino de los señores marcharon para allá pero sin prisa, como conviene a su señorío, bien recuerdo sus escopetas con incrustaciones del tiro de pichón y botellas de anís del mono... La Directiva, no —perdónese que nos inmiscuyamos—; lo sabe bien este cronista oficial: la Directiva, habiendo rehusado por votación nominal el empleo de la violencia, se constituyó en sesión permanente y extraordinaria, en los estrados que le corresponden; sobre el paño verde de la mesa, perdonada su anterior condición de paño verde de mesa de juego, se establecieron los emblemas, la campanilla de plata, el libro de actas, que aún hoy se exhibe en la fiesta del mártir, y, sobre todo, el Reglamento (Aprobado por R. O. del 2 de enero de 1846)... Se comprende que el cronista oficial recuerde las fechas. Los niños, en cambio, lo que recuerdan son los sentimientos... Para el ingreso en el Instituto teníamos que saber una división con divisor de cuatro cifras puestas a mal hacer, por ejemplo con sietes y nueves, un dictado, la solicitud de puño y letra cuya vida guarde Dios muchos años, nunca las cosas de la política; por eso andábamos ignorantes, fíjese que aun sabiendo que mandaba el alcalde, sí, y el juez y las fuerzas del orden, pensábamos que la más alta instancia consistía en el casino de los señores, y concretamente en la Directiva; no había sido vista jamás, la Directiva; la Directiva la cambiaban cada nochevieja pero era como el villancico de nacer el Niño, y es mentira, que no nace, esas son las ceremonias que todos los años hacen, la Directiva única y eterna prohibía a los chicos acercarse a veinte metros o menos del domicilio social, a las parejas de novios les imponía las ordenanzas más severas, por cada baraja que se desprecintara cobraba un tanto y además la baraja, quien buscara el monopolio codiciado del ambigú tenía que pedirlo en sobre cerrado, lacrado, entregado en propia mano, ¡de rodillas!, e incluso en caso de que alguien pretendiera la condición de socio y un solo miembro —brazo, pierna, lo que fuera— de la Directiva le echara bola negra el pretendiente caía en el oprobio y ya podía marcharse de la ciudad, vender los muebles en almoneda... El poder es el poder, el orden es el orden, defendió el cronista oficial: y más cuando se consolida en la sangre del mártir, señaló para la estatua, la han colocado de manera que sea vista desde cualquier lugar de la ciudad: nosotros estuvimos personalmente en el baluarte, hicimos asamblea en el patio de armas:

«Señores —habló el conde, que no vivaqueaba vestido de conde, una pequeña decepción—, vense aquí muchos pechos esforzados, pero el valor no está reñido con la táctica, ahora lo que necesita la plaza es un estratega»;

gente de oficio propiamente militar no había, porque el gobierno provincial, presa de una gran descomposición, y no lo decimos en sentido moral, había concentrado en los alrededores de su palacio a todas las guarniciones dispersas; lo cual venía a significar nuestra condenación, la nuestra más que la de nadie porque somos los más alejados de la capital y de todas las capitales del mundo, mírelo usted mismo por su cuentaquilómetros; aquellos polvos trajeron estos lodos, ¿conoce nuestra historia contemporánea?; escuche: abúlicos —nos reprochan—, indiferentes, pero en realidad orgullosos, asistimos algún tiempo después al tendencioso reajuste de la red vial sin caer en embajadas al gobernador ni pliegos de firmas; vimos marcharse la cabecera de comandancia; otro día sería el fiel contraste; luego el colegio de sordomudos, con la disculpa de la presión atmosférica y las nieblas insanas; alguna protesta hubo, como el envío masivo a la capital de esquelas mortuorias del tamaño que usamos aquí, que es meterle al destinatario un ataúd en su casa; como la defenestración, más bien cómica y despectiva, de diez o doce funcionarios espurios; pero la actitud definitivamente hiriente para los de arriba fue renunciar a las subvenciones, el propio pueblo se traería directamente la mejor música sinfónica de Europa, del productor al consumidor, nosotros mismos sabríamos sufragarnos la fiesta del mártir: en la última convivencia con los de arriba, nuestro propio discurso de cronista oficial estuvo tan lleno de indirectas y los poetas resultaron tan sospechosos en sus metáforas oscuras que al gobernador se le puso la mosca detrás de la oreja civil y apresuró su marcha sin esperar al banquete, con todo su séquito; lo que siguen mandando es la ambulancia, por razones humanitarias; pero ellos no han vuelto, claro que tampoco encontrarían hotel, desde que el Ambos Mundos cegó los muros y sobre ellos pintó ventanas y en el interior simuló cuartos de baño, armarios que no se abrirán nunca, así sólo vienen los que como usted mismo merecen la clave de andar las estancias secretas y ventiladas; pero volvamos a la crónica, de entre aquel retén de guardias reumáticos y a punto de pasar al retiro se eligió al señor Domiciano que era el cabo de los serenos municipales, todo bajo la presidencia del conde:

«Acepto el honor —dijo el señor Domiciano el cabo—, y sepan que mi mano no temblará, etcétera»;

el señor Domiciano el cabo era pundonoroso, allá el elemento cívico y eclesiástico si se relajaba en entretenimientos, él a la centinela: porque es verdad que a veces se alternaba la espera bélica con las sesiones de tresillo, el espíritu de defensa con las libaciones confortadoras; pero todo se enardecía cuando a la torre de los vigías llegaba otra de aquellas aves anilladas, puesto que aún no habíamos caído en el desengaño: «Sois la perla de la comarca», «El florón de nuestra provincia», «La cuna de la hidalguía y del arte»: que resistiéramos;

«¡Resistiremos!», garantizó el señor Domiciano el cabo;

a este cronista se le ha reprochado de puntilloso en el episodio que diríamos de las voces: el señor Domiciano el cabo en uno de los servicios conminó a cierta sombra sospechosa que resultó lechera de un fundo contiguo: «¡Alto a la fuerza y al pueblo en armas!»; éramos el cronista oficial de la ciudad de N***, somos el cronista oficial de la ciudad de N***, donde si tenemos un mártir es justamente por la defensa de lo irrenunciable, por eso dijimos protesto; pues que expusiéramos nuestra protesta: manifestamos que la voz reglamentaria y preventiva debía ser «¡Alto a la fuerza y a los caballeros en armas!» «¿Se aprueba?» «Se aprueba»; sólo sentimos que el señor Domiciano el cabo lloró un poco por si había sido darle a él una lección, ya se sabe que los viejos se parecen mucho a los niños... Aquel (niño) que estaba en la plaza de la Constitución, hoy plaza del mártir, cuando ya habían bajado la trapa de la confitería observa que los últimos en cruzar fueron dos perros... Sí, recuerdo que en una esquina se pararon, íntimos, a olerse; como no había chicos que apedrearan, a los canes se les negaron los reflejos; por la calle de los Maestros Cantores marcharon impotentes y cabizbajos: era el vacío absoluto; pero no estuve solo, verdaderamente solo, hasta que no acabaron de bajarse todas las persianas, de correrse todos los visillos y cortinas; entonces pensé que me había pasado (de valiente); en realidad es que me había embobado: lo que yo tenía que hacer en la plaza era lo del aceite de ricino para mi hermano, pero en aquella ocasión un empacho me pareció la mayor inoportunidad, claro que habían cerrado los hornos por falta de harina y a los pequeños nos atracaban con el pan de ángel de los conventos de monjas, que tomado en cantidad es muy indigesto;

Informe n.º tal. Plaza. Provincia. Tengo cuidado en casa, en esos pocos días que le quedan al comisionista para hacer un hijo, para que el hijo ya más que hecho no le llame a su padre por el apellido. Tengo cuidado con los clientes. Todavía más con los compañeros. De niño lloraba en las películas, ¡y qué!, pero no me gusta oír mira que eres un viajante romántico; sobre todo cuando saben que yo toco el violín un poco a escondidas, que me gusta, a veces, llenar un informe que no es para la Firma, sólo para mí mismo. Pero a quién podría contar la existencia de una ciudad llamada la ciudad de N*** como en una novela del otro siglo. Donde la fiesta patria no es nada de la Conflagración sino un día de finales de setiembre. Este viaje de ahora lo he organizado para cuadrar con ella, ya las vísperas anticipan un aire extraño y si uno tiene el sueño ligero puede oírse a lo lejos la cabalgada... También el niño: era verdad que sonaban los caballos; todos los portales quedaban detrás de mí, cerrados a madera y bronce; me puse a andar las puertas de una en una, tocando con los llamadores, manos doradas, argollas, cabezas leonas, pomos con cardenillo, siempre formas inútiles porque nadie les daba respuesta; de pronto el mundo empezó a blandearse a mis espaldas: era una puerta cristalera de bisagras engrasadas, amigas; fui volviéndome poco a poco, tanteando con la mano incrédula; detrás de los vidrios había alambres transversales con pinzas de la ropa que sujetaban periódicos desmerecidos por sus fechas anteriores a tantas cosas, y una revista que venía todas las semanas y en una página, yo sabía en qué pagina, la foto de una mujer desnuda... Eran el Debate, Mundo Obrero, L'Osservatore Romano, interrumpe el cronista oficial; y la publicación con la mujer desnuda pero nunca procaz se llamaba precisamente Crónica, una fotografía artística por Manasé... Así sería, el caso es que entré en lo negro y percibí a mi tío el impresor, tan a gustito, no sé cómo podía leer con tan poca luz:

«Los caballos», avisé;

él no dijo nada, siguió leyendo; me arrimé a la pana hosca de su chaqueta con la esperanza propia de una ocasión tan memorable y nada, él nunca decía palabra, ni siquiera cuando yo hice la primera comunión y me regaló un teatrillo de cartulina, la batalla de Castillejos... El cronista aprovecha para hablar de la batalla de Castillejos pero al fin entra en lo que nos conviene... Su tío el impresor, verdaderamente, era un hombre notable; tenía en sus estanterías libros que no se conciben en una población de nuestro número de almas, y aunque taciturno, no era tacaño: todo el que lo deseara leía los libros sin comprarlos, esto si no los sacaban para leerlos al sol, en los bancos de la plaza: esta mano historiadora nos la apostaríamos, y también estos ojos que hoy no distinguen la letra impresa pero sí el contorno de los recuerdos, a que en el año de los acontecimientos nadie sino nosotros en toda la provincia, incluso en toda la 11.ª región militar, había leído los Cantos de Maldoror; ni en las grandes villas cereales, ni en las de prosperidad textil y metalúrgica, ni siquiera en la cabecera administrativa; por esto y porque no han visto nunca un clavicémbalo nos miran como extraños y vienen los ingenieros jefes y se sienten incómodos... Gracias por lo de mi tío el impresor, dice el niño con urbanidad: en aquel momento no leía los Cantos de Maldoror sino Mis Prisiones, de Silvio Pellico, leía en todas partes, incluso andando por la calle; y, esperando al tren que traía la prensa, antes de que nos suprimieran el ramal, sentado el hombre en cualquier ladera donde se viera la estación: ni siquiera se movió cuando toda la plaza se llenó de las chispas de las herraduras; yo me había recogido en un sitio más oscuro aún, el del estante de los devocionarios: «Prometo confesarme, no volver a mirarla nunca, la foto de la mujer desnuda»; todavía tuve más miedo y me metí en el propio taller junto a pilas de papel tendencioso, barato, como de octavillas rosa, amarillo, azul claro Votad los valores espirituales, como de anunciar un mitin o una novena, o de los carteles insistentes de aquel periodo de soflamas, Ellos las copas y los bastos, Nosotros el espadón y el oro; lástima que la máquina de imprimir fuese tan pequeña, si el anuncio era grande había que hacerlo en dos mitades y a lo mejor no casaban; pero cualquiera pensaba en eso, con lo que ya estaba pasando afuera: primero fueron con sus mil años de sed contra las lunas de los bares, luego saltaron los cierres del Monte de Piedad —pero antes la Tabacalera—, arrebataron vírgenes y requisaron sombreros de cintas y corbatas chillonas, hasta que un traidor oculto colaboró con ellos y les dijo sobre un mapa (que sí entendían los mapas) la dirección para que trotaran hasta el casino de los señores... No: primero se ocuparon del catastro y repartieron la rústica y urbana con todos sus líquidos imponibles, allí se dieron a dictar decretos, y luego sí, entonces fue la marcha sobre el casino de los señores, que ellos mismos descubrieron por el olor a naipes y a sarao y a café tostado, sin necesidad de confidencias aleves... Tampoco: apenas hubieron pisado sobre la ciudad milenaria, por entre fachadas recargadas de escudos, sintieron la paradójica timidez de un ejército bárbaro ocupando París o Roma, y alguno de ellos fue visto desde detrás de unos visillos admirando la basílica sufragánea y hoy autónoma, esas visitas cansan mucho, por eso habían querido reposarse en el casino de los señores... Tengo escuchado aquí tantas versiones como bocas, pienso en qué cine de cuál ciudad de la ruta he visto yo la violación o lo que fuera de una japonesa contada por ella misma, por el gozador, por el marido atado, y no sé si también por un cortador de leña. Uno, en estos casos, se inclina por la voz más inocente... Cuando dieron en la puerta cristalera de la papelería e imprenta ya venían a revolución pasada; yo quería mirarlos bien, aprender de una vez a qué carta quedarme, Ellos el As de copas de la disolución y el As de bastos etcétera, pero no encontraba rasgos comunes que los agrupasen: los había de boca no muy grande, ni chica en demasía, la frente de disposición proporcionada, y se llevaban el semanario ilustrado con la mujer en cueros que ahora volvía a serme deseable; los vi de cuello largo y elevado, las espaldas anchas, llanas y libres, el antebrazo ancho y grueso, y esos se encaprichaban de las postales de colores, las más sentimentales; y el último de todos, aquel de los ojos salientes, claros y vivos: husmeó un poco en los libros y le vi guardarse algunos pero no eran de los encuadernados, luego me apartó y empezó a sacar las cajas de la tipografía como si entendiera el oficio, las grandes de los tipos comunes, las medianas de las letras de adorno, las pequeñas con las titulares mayúsculas; según iban saliendo, él vaciaba el contenido de los cajetines en el suelo y en el montón se empastelaban los signos del alfabeto, las redondas y cursivas, las negritas gritadoras, las versales y las minúsculas:

«Todas las palabras del mundo», dijo;

entonces fue, estoy seguro, cuando de verdad marcharon contra el casino de los señores; en el silencio que dejaron oí la voz desacostumbrada de mi tío el impresor, que no había dejado el libro ni la postura:

«En todo el mes no habrá Hoja Parroquial»,

un peso que se le quitaba.

Cuando vine por primera vez me miraron como a un bicho raro. Es verdad que en la Conflagración desaparecimos de todas partes, nosotros somos pájaros que se alejan de las carestías y las guerras, pero con el enmudecimiento todavía sospechoso de los cañones habíamos vuelto por trenes y coches de línea, a las ciudades y a los pueblos, y la gente se alegraba de vernos, ¡Mirad, mirad los viajantes!, como si fuéramos un símbolo. Pero a la ciudad de N *** la Conflagración había llegado con retraso. La pereza de las comunicaciones después que se llevaron la carretera y el tren de vía estrecha, causa (o efecto) de la pereza política de los ciudadanos, motivó que aunque las cosas terminaran ocurriendo como en el resto, sucedieran un poco después. Cuando ya algún reemplazo había sido llamado por los generales alzados, el secretario del Ayuntamiento seguía con la Gaceta del gobierno anterior. Al arribo de los paquetes en franquicia postal con los nuevos retratos para el salón de sesiones, Juzgado y comedores de la Beneficencia, los músicos de la banda carecían aún de los himnos y los ensayaban de oído junto a la radio. Este desfase le quitaba a los sucesos la virulencia temible de los primeros envites, es vano el intento de tejer la cháchara interesada del comisionista con las grandes batallas nacionales de los cinco ríos, o los hundimientos de acorazados. Y lo mismo que con la guerra sucedía el retraso con la posguerra, yo era el primero y tuve que manejar el muestrario de adelante atrás, los almanaques con muchachas delgadas y medio desnudas sobre motos potentes no, las fotos de Marilyn Monroe tampoco, en la moda de las hawaianas con collares de flores fue donde empezamos la nota. Eso que hemos ganado, dijo alguien cuando yo me asombré de que llevaran tantos años sin calendarios. Se habían saltado, pasado muchos en blanco, y fue entonces cuando descubrí por qué en esta ciudad retranqueada en el tiempo abandonan la niñez con dificultad, se casan tarde (casi siempre los primos con las primas) y son de lo más indolente para morirse. Morir, morirse. Yo sí envejezco, no quisiera ni por nada dejar sin rematar el informe... La Hoja Parroquial tenía cuatro páginas —el niño me señala con la mano el tamaño, como de holandesa—: mi tío el impresor les dejaba a mis primos, sus oficiales, el cuidado de que la publicación saliera cada sábado; pero le gustó que vinieran unas semanas con poco ruido, para leer muchas novelas rusas; cuando todo estuvo consumado y los caballos habían partido a sus otras revoluciones, empezó en la plaza principal como la crecida de un río (por los laterales, derecha e izquierda las del espectador van saliendo los serenos de puertas, tenderos, el director del Monte de Piedad; voces vecinales), yo me acordé del Teatro de cuando dieron Las Troyanas de Eurípides y el coro de las cautivas no cabía en el escenario, qué bureo; también los del baluarte volvían rabiosos, tirando al aire escopetazos y denuestos porque los caballos no habían entrado de frente sino con astucia por el olvidado callejón que llaman de los Inquisidores; fue el momento de las frases exculpatorias, todos querían hacer la suya por si los anales venideros:

«Esquivados, sí —declaraba el señor Domiciano el cabo—, pero no vencidos»;

«Los tiempos nos harán justicia», el cronista oficial y también perpetuo;

y hasta el abad mitrado, en traje de paisano marrón oscuro, canonizaba las disculpas con lo de que los hijos de las tinieblas suelen ser más listos que los hijos de la luz; entonces se supo que la ciudad podía llevar la cabeza levantada, no sabría decirse quién acercó la noticia, a lo mejor nadie y fue la conciencia colectiva como más de una vez acontece en la Historia: de repente todos echamos a correr para el casino de los señores, los chicos nos detuvimos a los veinte metros reglamentarios, y entonces se vio abrirse muy despacio el balcón central: empezaba a asomarse la Directiva, tranquila, ecuánime, alguien que ya la había visto otra vez susurró a mi lado que se la notaba, esto sí, como más vieja y encorvada, en una tarde le habían echado cien años encima; la Directiva adelantó uno de sus miembros y se oyó la lectura del acta que debía de estar reciente de la tinta... Gracias, le digo yo al niño con el premio de unos paquetes de fósforos de propaganda, ahora puedo terminar yo mismo el informe: Va llegando gente. No mucha, porque ha llovido siglos desde aquel setiembre, ya hay vástagos en los que asoma la reticencia y la duda, y que nos olvidemos. La banda de música, autoridades, poetas. No hace falta decir que la banda municipal, las autoridades locales, los poetas empadronados, esta ciudad es muy suya. Ahora sólo falta que el secretario dé lectura conmemorativa al acta aquélla como dicen que ocurre cada año en este mismo sitio, a esta misma hora: «El conserje mayor...» Yo he preguntado por gusto, se llamaba Pepe. Tenía cumplidas las bodas de oro con la Entidad y ganaba quince duros al mes más el derecho a tres cafés con leche por día: «El conserje mayor, en uniforme y con los galones propios de su cargo, mientras esta Junta Directiva se hallaba constituida en sesión permanente y extraordinaria por aceptación unánime, detuvo a los visitantes forasteros que se disponían a entrar en el domicilio social. Tras la pregunta de rúbrica acerca de si poseían la condición de socios, o si acaso pudieran pertenecer a entidades afines con quienes nuestro Centro tenga establecida reciprocidad, el conserje mayor hizo la respetuosa pero formal advertencia de que sólo podrían pasar a las instalaciones previa presentación por dos socios de número.» El acta sigue con palabras muy propias y la fecha ut supra, yo mismo al cabo de tantos almanaques tengo miedo de estar contagiándome en el habla, que una de las veces me pille aquí la ambulancia de la Diputación con sus loqueros fuertes y colorados, no traen ningún nombre preparado, ellos cogen al primero que encuentran. Lo dejaron seco. Pero nadie piensa en la ciudad de N*** que el holocausto de Pepe fuera en balde. Señores por una hora de vidas y haciendas, los caballos huyeron ante la sangre que manchaba la escalera principal de los señores verdaderos, donde la Directiva había ordenado encender todas las lámparas, extender las mejores alfombras. Ahora sólo falta el himno que es un pasaje de la Heroica de Beethoven, sueltan palomas y una se posa en la gorra de plato del mártir.

MATAR LA MOSCA CUANDO EMPIEZA

París, le... de... de 19... Las oficinas del Crédit Lyonnais en la plaza Montparnasse tienen además de su reloj redondo como de patio bursátil en una película de Wall Street 1929 un calendario gigante visible desde todos los puntos, descifrable para los ojos más indigentes. Y sin embargo, yo suelo olvidarlo. Tampoco se me ocurre mirar el pequeño indicador con cristal de aumento en mi propia muñeca. Lo que hago siempre es titubear para poner la fecha. El empleado atento y lúcido se pone de mi parte:

Le douze...

Odio la obligación de escribir en letra las cifras.

Février...

Creí que también iba a dictarme el año. No; hubiera sido exagerar. Fui cubriendo los espacios del cheque. Nunca puedo evitar el movimiento mental de calcular cuántos escudos hace esta suma de francos fuertes. Y si no fuera la prisa —monsieur s'il vous plâit, monsieur je vous prie—, la desazón de imaginar cuántas horas de un vendimiador de Oporto, o más cerca de mis querencias las idas y venidas de un carbonero de Sabugal, carbón de urces para las fraguas. Olvida usted la firma, por favor. No llega a ilegible, quizá se deduzca el Andrade. Y una mirada panorámica veloz, al pequeño documento apaisado. Fue justo al tropezar con la fecha completa, el día, el mes, 1968. Fue allí cuando empezó todo, pero yo no podía saberlo. Me parece como si estuviera informando a alguien en su despacho neutro, a un profesional. Claude lo ha sugerido, cautelosa como ella sabe acercarse, no ha dicho qué doctor, cuál especialidad.

Por lo menos deja que estos días me quede, pienso que lo podría arreglar con una compañera.

Pobre Claude, yo había creído mucho tiempo que las francesas todas son egoístas en el amor, tan limpias ellas, tan precisas en su neceser. La he rechazado.

Anda, deja que despeje esto.

Me callo.

Por lo menos la ropa.

Me da igual.

Esas botellas vacías.

Que haga lo que quiera.

Los periódicos sin desprecintar.

¡NO! NO NO NO NO NO NO NO NO NO. ¡Los periódicos NO!

Salgo poco, pinto por rachas vehementes, apenas leo —Claude: los periódicos no— y he perdido conciertos y películas; escribir estas notas sueltas es una excepción que me ratifica con su previsible desorden, es el regreso compulsivo al último verano de Guarda, capital de distrito, provincia de Beira Alta. Es volver al pobre Fidelino Chiclão. Por entonces la ciudad seguía afectada y eso que ya había pasado algún tiempo. El Fidelino Chiclão estuvo no con un pie sino con los dos pies en el otro mundo, pero dio la vuelta, y desde aquello ronda a cada cual la aprensión de que la contingencia pudiera repetirse en uno mismo. El caso, por supuesto, también se trata solidariamente. No es raro que salga en la barbería, en el mercado mientras llegan los pescaderos de San Martinho, en el Cenáculo Literario y Artístico. Alguna vez se oyó esbozado (era inevitable) en reunión tan propicia a las discusiones tenebrosas como es el velatorio de un difunto, pero siempre hubo una seña de alguien y en seguida se giraba hacia cualquier otra conversación por no llevar una angustia suplementaria a los sensibilizados esposos, padres, hijos, sobrinos y demás familia del saudoso extinto.

....

A Claude, a veces, hurgando ella (antes de la prohibición) en los periódicos que recibo le chocaban las fotografías que ilustran las esquelas. Pero por qué. Hay gente que no ha tenido jamás un juicio criminal ni un accidente de circulación ni recibido A Ordem do Infante Dom Henrique, está bien la esperanza de salir una vez al menos en el periódico. Gente: Sala de casa modesta. Interior-exterior. Día. Al lado de la mesa de comedor hay otra estrecha y alargada, de planchar. Jaula de pájaro colgante de un pedestal niquelado. Tiestos de cerámica regional con flores.

Hermana mayor: ¡Coñe! *(Agria.)* Todos los domingos nos hacen la pascua con la luz.

Anda de un lado para otro, en las tareas imprecisas de una casa.

Hermana menor: *(Tierna.)* La ahorran para iluminar la muralla. *(Al hermano.)* ¿Verdad que sí? Por eso las mañanas nos quedamos casi sin fuerza.

El rapaz está vestido con pantalón largo azul marino de confección farfollona pero de raya implacable y reciente, calcetines a listas, camiseta blanca de felpa, con mangas. Se sienta en una silla tapizada a ponerse los zapatos que le tiende la hermana menor. Los zapatos son negros con un pequeño alivio blanco en la puntera, tersos, lustrosos, como acabados de limpiar. La hermana menor se agacha, pasa un dedo sobre uno de ellos para ver si todavía manchan. A pesar de todo, alza ligeramente el borde del pantalón.

La postura de ella ha dejado ver el comienzo de los pechos, que son grandes. Entre ellos, un insinuado reguerillo oscuro, sedoso. Eso es lo que habrá tenido que verle el hermano a la hermana menor.

....

Yo escuché nada más llegar con mis petates de hijo pródigo, también un poco predilecto —¡Bien venido nuestro genio, «émulo de Almada Negreiros»!— las explicaciones del editor perpetuo de *O Faro*. Allí el asunto encontraba, naturalmente, un tratamiento distinto y superior.

El temor de que la muerte aparente sea reputada de muerte real es tan antiguo como la humanidad, caballeros, y no se apoya en quimeras sino en el conocimiento de casos evidentes. Lo terrible es que en nuestros propios tiempos, tan presuntuosos de la técnica, ese riesgo sigue. Un intento de interesar a la gente por el problema procede del profesor Huber, auténtico apóstol contra los enterramientos precipitados. Él ha coleccionado un montón de episodios que le ponen a uno los pelos de punta. Y no se piense que estas preocupaciones procedan de personas vulgares e ignorantes, al revés, principalmente personajes de espíritu selecto, aristócratas, artistas, literatos. En Maracaibo, por cierto, fue víctima el doctor Parmiño rector de la Universidad. La condesa de Kent le dejó un capital de muchos contos a su médico para que éste la decapitara cuando fuera tenida por muerta. El doctor Huber, ¡un verdadero apóstol!, quería sobre todo fundar sociedades en Lisboa, Barcelona y Londres para asegurar a sus miembros contra el sepelio prematuro, contratando a médicos especialistas en la comprobación científica de la muerte. Total, unos escudos al mes, ¡bastante más útiles que la cuota del club!, y a vivir. O sea, a morirse uno con tranquilidad. Supongo que usted estará de acuerdo —se interrumpía el editor señor Alejandro Monteiro.

Yo le digo que sí, por supuesto, tiene usted razón. Algunas veces me desazona que en una reunión amplia se dirija tan marcadamente a mí, sólo porque vivo en París. Una noche, incluso sometió a mi aprobación un proyecto de aparato salvador cuya invención confusamente se atribuyó, pero me inclino a pensar que, lo mismo que sus ideas, venía calcado de algún libro. Luego me regaló el diseño. Un día, quién sabe, en el caballete podría ser un lienzo de sombras terrosas y la crispación de un rostro muy al fondo, al fondo.

....

Pinto, luego existo. Pero existo frustrado siempre que quisiera hablar también con la música, con la literatura —a veces creo haberme acercado en un poema, un cuento breve—, y últimamente, sobre todo, con la fascinación del cine. Del lenguaje del cine envidio la docilidad del tiempo, la fácil definición del espacio. Bastaría el bulevar de los Inválidos y un arbolillo desnudo al que de pronto le brotan las hojas. Plano rápido. Ya está, ¡la primavera! Ahora me doy cuenta de lo feliz que fui durante aquellos meses de invierno, lo injusto con la providencia o lo que deba decirse. Quizá me levantaba cansado y torpe (creía que me levantaba cansado y torpe), más de una vez habré rabiado por una muela sinuosa, la sala Droumond se me volvió atrás desvergonzadamente, Claude llorando porque llegó una tarde y yo tenía en la cama a su amiga más fiel. Y sin embargo, qué joven y dominante. Qué lejos la lenta destrucción que ya soy capaz de auscultarme, sí, de oír con mis propios oídos por raro privilegio, también por desdicha. He leído libros, revistas. Yo podría aclararlo mucho mejor si acertase a escribir la historia de una mosca. Esbozo de historia de una mosca: Pequeña, en el comienzo del buen tiempo; todavía limpia, reciente, no negra sino graciosamente gris, no gorda de explotadora de sangres sino visitante de flores primerizas. ¿Y por qué no ser generosos con ella? si también nosotros quisiéramos volar.

Ma-tad-la.

Pero...

¡Matadla!

Recuerdo al abuelo Hipólito que había perdido la cabeza y reía, reía estando mi abuela de cuerpo presente, la casa llena de familiares enlutados y él sin hacerse cargo de la situación hasta que estuvo enredando en el diario recién llegado de Coimbra y tropezó con la esquela que se había encargado como corresponde. Miró la fotografía de la abuela bajo la cruz. Nada. Pero de pronto se fijó en las letras mayúsculas y gruesas. Él ya no sabía propiamente leer, pero allí estaban los signos del nombre de la compañera en su perfil archisabido entrándole por los ojos, con lo que el abuelo Hipólito dio un grito muy dolido y consciente, aunque poco tardó en volver a su diversión aniñada. Cuando yo abarqué de una sola mirada los rasgos de la fecha completa (el Banco en Montparnasse, mostrador de mano derecha según se entra, empleado que facilita talones de ventanilla a los clientes olvidadizos), reconocí en un chispazo cegador el día, el mes y el año de la revelación olvidada:

Pero esa vez no me despertaré.

Conque hoy.

Y era esta precisión, *hoy,* la que me apretaba en una sensación incómoda.

Y ridícula, decreté.

Recogí la pluma. Me alcé de hombros y puse toda mi atención en el trámite final de la Caja. Al salir del Banco, calle de Rennes hasta San Germán, te cruzas con gendarmes que no recuerdan en nada a nuestros guardas de la Seguridad; una muchacha menuda y blanca que va colgada de un negro altísimo; niños jamás; los carteles de una película erótica... Guarda es niebla y es lejos.

St Germain des Prés—Odeón—Cité =(doble guión mayúscula quiere decir transbordo) CHATELET-—Pont Neuf—Palais Royal... He aprendido a presupuestar: 3 minutos por cada estación; 5 minutos por cada cambio de línea. El marchante que vive en las quimbambas me espera a las 12,30, cuando más a las 12,45. Miro el reloj y sí.

Una pareja de monjas lleva una sonrisa idéntica y ausente frente a otra pareja, ésta de hombre y mujer que se besan en la boca.

Un señor muestra su derecho a ocupar el asiento de los mutilados.

Todo tan exacto y francés. Porte de Champerret-Louise Michel. Por fin LOUISE MICHEL. Al final de cada trayecto fatalmente un letrero nos habla:

Au delà de cette limite les billets ne sont plus valables.

Cómo pensar que fuera un letrero metafísico. Lo habré visto en cientos de idas y venidas, miles, tanto como las advertencias de no fumar, de no meter el pie entre coche y andén, paternalismos de que en la conducción la vista es la vida y de que el alcohol mata lentamente. Y ahora, no sé por qué, me he parado, un poco más adentro de la mera costumbre de las palabras.

Más allá de este límite, su billete no sirve.

Más allá.

....

Paseamos despacio, rítmicos, idénticos, dando vueltas a la plaza de la catedral, los portugueses estivales de Guarda. Yo me he puesto el jersey más grueso y oscuro, he sacado la voz más parecida a las otras voces. Esbozamos el tema siempre fecundo de la dictadura; el del boicot del Grémio do Comércio a las tarifas eléctricas expresado con lamparillas de aceite y velas de sebo («Ya el rey don Diniz —ilustra el señor Alejandro Monteiro— mandaba que todos los hombres buenos pongan sus candelas en las ventanas»); nada, ningún suceso llega a cuajar si no es «el suceso». Yo conté cuando en París la 2.ª cadena ofreció un reportaje, uno de tantos, con preguntas a transeúntes, amas de casa, estudiantes de la orilla izquierda y gruesas vendedoras elegidas en un mercado central.

¿A usted se le ha pasado alguna vez por la imaginación?

¿Considera que son suficientes las actuales precauciones legales?

¿Prefiere ser incinerado como medida de seguridad?

Los riesgos no fueron debidamente calculados y empezaron a llover cartas a la televisión y a los periódicos. Un suicidio, cuando menos, debió cargarse a la cuenta del documental, alguien que prefirió el atroz por-si-acaso de romperse desde una altura superior a toda esperanza, a toda duda. Se olvidó en seguida. Pero en el pueblo, y Guarda es un pueblo salvo en las prerrogativas oficiales, el tiempo pasa de otra manera. Además, la cercanía constante del protagonista. Podría intentar unos trazos sobre el Fidelino Chiclão. En el recuerdo de la escuela (él era de los mayores, yo todavía caloiro) aparece ya con una delgadez deshuesada, un cuerpo sostenido en hilvanes, flotante, colgante de una percha invisible y a su vez abúlica. Los años no le han modificado ese perfil, y tampoco puede decirse que se lo resalten. Está, sencillamente, tal cual; como tantos otros (y otras) que yo miro anclados, sucesores de sí mismos, habría que saber cómo me ven ellos a mí. El Fidelino Chiclão tiene aún ahora el pelo abundante, rebelde, apresuradamente blanco —dicen— desde el trance; la mirada huidiza y nadie lo achaca a mala condición, la nariz no caigo, la boca sumisa y cobarde; va limpio de ropa pero incurre en perezas —discretas, como de dos o tres días— para afeitarse, también se nota su palidez de cara, ojeras. El señor Alejandro Monteiro le atribuye el vicio de Onán. Onán derramaba siempre en tierra etcétera, pero la cita bíblica queda arrasada por el vocabulario de los oyentes que surten verbos reflexivos casi siempre absurdos, equivalentes al de masturbarse. El sujeto lo oye decir en su propia cara y no se enfada y hasta sonríe. No es que Guarda sea de los sitios peores para las criaturas de abajo, nadie recuerda que a un triste perro le hayan metido una guindilla por el ojo del culo como hacen a veces los de Celorico da Beira, pero en cambio es ciudad de muchos ingenios y los ingenios locales se ejercitan poniendo los motes. Con el Fidelino Chiclão la han tenido tomada siempre. Esto no quita para que en el fondo sea estimado, prueba de ello es que se le preparaba bastante entierro.

Venga, Chiclão, suelta lo que se siente tumbado en la caja y oyendo tantos rosarios.

Igual te habían dado ya unas buenas hembras como a los moros del África.

Qué va. Éste es de comer, comer...

En el café el Fidelino Chiclão sonríe y calla. Hubo un tiempo en que fuimos amigos, una de esas relaciones desiguales y muy afectivas entre un chico mayor y un chico pequeño, entre un artesano y un señorito. Y un poco más tarde, entre un operador del cine de la plaza y un precoz devorador de películas y de cuanto les anduviera cerca.

....

Otra vez la sala de una casa modesta. Interior-exterior. Día.

Cuando el rapaz se pone de pie, la camiseta amorosa y ceñida al cuerpo revela drásticamente su delgadez y el ladeamiento de la espalda. El pantalón se le ha resbalado un poco. Lo arregla en el cinto, a tientas, corriéndose un agujero, mientras mira a la calle por el balcón entreabierto. El balcón es de un piso bajo. Se ve la calle muy próxima, solitaria. Luego va hacia la jaula del pájaro. Allí se queda sin hacer nada, solamente mirar.

Empieza a oírse un ruido de motor que se acerca. Una motocicleta pasa por delante mismo de la casa que es como pasar por la propia habitación y hace temblar la loza decorada del aparador, San Antonio y sus flores, la lámpara de cristalillos pingando, todo.

Hermana mayor: ¡Lástima no se mate!

Hermana menor: Mujer...

El pájaro ha hecho unos esparavanes asustados y cortos. El rapaz lo mira, parece que él no haya sentido nada.

La hermana menor avanza el brazo desnudo, fuerte, con un suave vello obsesionante, coge la plancha con la mano izquierda; en la yema de un dedo de la derecha, escupe y toca (un pon y quita rapidísimo) la suela pulida del utensilio. Se pone a planchar con minuciosidad, casi con mimo. A veces se inclina un poco hacia delante y se le marcan las formas bajo la bata apretada.

Hermana menor: *(Al hermano.)* Vaya. Como un marqués.

Hermana mayor: *(A la planchadora.)* Dame.

Revisa uno por uno los botones, con autoridad. Están todos los botones. Entre las dos mujeres, un poco excitadas, le ponen la camisa al rapaz. Ahora la corbata. Consiguen la primera fase de meter la corbata dentro del cuello y van a ocuparse del nudo pero él las aparta y se hace un nudo ancho sin gracia. Ellas le miran. Él mira, todavía, al pájaro.

Se oyen carreras en la calle, voces en off.

Voz de mozalbete: ¡Que te pillo, Hernán, que te voy a partir los morros!

Voz de niño: *(Como cantando.)* Ma-ri-qui-ta, mari-qui-ta...

La hermana mayor tiene un gesto de disgusto, el de alguien que reprueba una interrupción en la misa o en un concierto. Va al balcón y cierra de golpe.

Siguen las mismas voces, repitiendo las mismas frases pero mucho más débiles, se les entiende sólo la terminación.

Voz de niño: Qui-ta, qui-ta.

Voz de mozalbete: Tir los morros.

Le ponen la chaqueta al rapaz. La hermana menor lo cepilla, ya endomingado del todo. Él echa a andar hacia la salida de la casa, por el pasillo, pero ella sigue detrás, siempre cepillándolo sobre la marcha. La mayor va al balcón, lo abre y reprende:

Hermana mayor: ¡Chicos!

Se queda atisbando, pendiente de la calle. Fundido encadenado o así. Pero estoy hablando de las hermanas de Fidelino y de Fidelino y puede ser que toda esta secuencia absolutamente trivial aluda no más que a mis calzoncillos adolescentes. Puedo sentir el daño de las costuras en las ingles. Luego las perneras bajaban generosas, casi hasta la rodilla.

....

Me gustaría subir a la cabina, como entonces —le dije una tarde húmeda de tormenta de agosto.

Él no dijo nada, se comprobó la llave en el bolsillo de la chaqueta y echó a andar delante de mí. Pasábamos por la confitería de Os Irmãos Unidos y yo me sentí iluminado por el recuerdo:

¡Espera!

Probamos, probó el operador, yo a su lado mirando por una aspillera escasa, la película del estreno siguiente. Es distinto de lo que ve un espectador desde su localidad, quiero decir más excitante. Una lucha es más agria. Un beso es más peguntoso. Pero además volvimos a comer dulces. La triste, vergonzante perdición del Fidelino Chiclão por los dulces. Las cuatro confiterías de la ciudad de Guarda recibían su fervor equitativo, y daba lástima el misterio vano con que hoy se acercaba a los Hermanos Unidos y mañana al señor Juan de la Cruz; luego a Vizouso; luego a doña Rita Casiana; siempre buscando la hora más gris y vacía, a veces echando mano de un auxiliar inocente. Yo mismo lo fui alguna vez. Recuerdo que sin desdeñar pasteles y pitisúes el Fidelino Chiclão reverenciaba sobre cualquier cosa del mundo los productos harinosos como el almendrado, y más aún el polvorón.

Ahora, tantos años después, comíamos en silencio y casi a oscuras, atragantándonos hasta que él fue a la cantina desierta en el salón de descanso y retiró una botella de vino verde con intención de pagarlo en la sesión de noche. Yo le hubiera preguntado su verdadero apellido, probablemente no lo supe nunca. La clave del apodo familiar, sí. «Chiclão» alude a quien cuenta con un solo cojón; lo que al padre, o acaso fuera al abuelo, no sólo le permitió tener prole, sino querida fija en Manteigas, una feligresía cercana. Dicen que el Fidelino Chiclão, a él mismo se lo dicen, heredó aquella tara (desde luego se libró del servicio de quintas). Terminamos la bebida antes que los pasteles y con la sequedad yo tuve que rendirme. Él siguió. Yo le vi en los ojos tan claramente escrita la felicidad que sentí lástima. Pero con cuidado de que no lo supiera. Lo repetimos varias veces y cómo no iba a cogerme afecto. No por la fingida complicidad en la gula (esto también), sino porque lo trato de otro modo que los demás, nunca le he preguntado si se masturba o si es verdad que se lo monta con su hermana la pequeña, si se ha declarado a una artista italiana por carta, lo trato como a cualquier persona.

Y su casi entierro, ni mentarlo. Fue él, el propio Fidelino Chiclão, quien se acercó a hablarme cuando yo iba a entrar en el coche para el regreso. ¡A hablarme espontáneamente!

Por cierto: siempre el día de mi marcha llueve.

....

Qué le pasa a Claude que esta vez no se aproxima despacio, gata de Angora —«¿Angora es donde mandáis vosotros, chéri?»—, entra de frente y primaveral.

¡Fíjate!

En la mano un puñado de verdor.

¡Vamos!, es el día del muguet que da la felicidad. Y tengo el coche aparcado en la puerta misma, ¿sabes que todo París se ha marchado, que sólo quedamos tú y yo?

Consigue llevarme a un restaurante indiferente que resiste su 1.º de mayo de guardia como una farmacia. A pasear al bois de Boulogne. A comer helados, uno mío por cada 3 de ella. Yo siento (pero me callo) el placer de ser conducido, de notar que la voluntad se me escapa despacio como la sangre por una aguja finísima e indolora. Pero a veces me ocurre que sentado en un banco o en el peldaño más ínfimo veo pasar a los que pasan y pinto dentro de mi cabeza. Ahora frente a no sé qué fuente u ornamento público *tengo* una tela a medio manchar. El arte en el principio es el caos. Las alitas transparentes y cruzadas de nervios, la fecha en letra de mucho ornato, los brazos. La fecha, los brazos, las alas. Los brazos de la hermana menor...

No me haces ningún caso, chéri.

Apenas me doy cuenta de que he empezado a pensar en voz alta:

Entre las dos hermanas me hacían los calzoncillos, después de tomarme medidas, unas medidas apretadas, aunque por fuera del pantalón.

Qué loco estás.

A la casa yo iba también para que el hermano de las costureras me dejara programas y mejor unos papeles en que las distribuidoras adelantaban el argumento de las películas y los empresarios podían elegir. Recomendamos *La loba,* Bette Davis interpreta el papel de una mujer orgullosa a quien la pasión del oro empuja a destrozar la felicidad de su hija y a causar la muerte de su marido.

Anda, vamos.

Está bien. Consigue que volvamos a casa —me ha apretado el brazo de una manera que conozco—, yo cansado pero no del todo inservible. Ella, lo sé, hubiera preferido que yo no fuera portugués. De todos modos, también lo sé, mejor portugués que negro. Dice que se ha hecho a mis cosas y esto de las cosas lo concreta más, procaz, las francesas pueden atreverse a un ademán así sin caer en el mauvais goût. Ha conseguido que volvamos a casa, que abramos una botella de beaujolais con la determinación de alegrarnos de vino alcahuete, que en efecto nos alegremos y nos pongamos al amor hasta la depravación, hasta la absoluta inocencia.

¿Es verdad que las chicas de tu país son frías?

Esto no me importa. Donde consigue irritarme es en su empeño final de mejorar mi cuarto —ella dice a veces nuestro nido y la abofetearía.

Pero ¿no vas a ver nunca esos periódicos atrasados?

También la abofetearía.

Entonces podría llevárselos la portera.

NO.

El caso es que no puedo explicarle a ella ni a nadie ni a mí mismo lo de los periódicos, algún día quizá. *O Faro da Beira* semanario independiente aparece cada 15 días y sin embargo se sigue llamando semanario en la cabecera. Recuerdo la cabecera, no de plomo como los otros moldes y clichés sino de cobre para evitar el desgaste de la inevitable repetición. A veces me paro un poco en la rue d'Assas y es sólo por escuchar el compás de una minerva, pero mejor por la mezcla de la tinta y el papel más ese ingrediente secreto que no he logrado desentrañar aún: olor a imprenta. Además de la plancha titular evoco un fotograbado del Salazar y otro de la Beata Beatriz de Silva (ahora hay también uno mío, con barba), manos con dedo rígido apuntando hacia un anuncio, cruces para necrologías de párvulo y de adulto, veo en la pared miserable sin llegar a siniestra el anuncio de Richard Gans cuyos catálogos de nuevos tipos de letra repasábamos con amor imposible. Yo fui director artístico de la publicación, porque dibujaba —gratis— la portada para los extraordinarios. Crítico de cine, aunque sin pase de favor. En un cuarto anexo funcionaba la administración. Lo natural es que no me atrajese. No me hubiera atraído si no estuviesen allí las fajas. *O Faro* etiquetaba envíos para lugares muy diversos. Viseu a un paso, Coimbra, Oporto, pero había otros que a mí me exaltaban principalmente. Yo husmeaba como en un atlas viviente, como leer una novela cosmopolita y exótica. A un fraile en un convento de Pernambuco del Brasil. A alguien en Ostende. Y sobre todo unas señas que me inquietaron más que cualquier lejanía, esto lo afirmo computando mi vida entera: Excmo Sr. Dositeo Gomes Carneiro. Pupilo na Prisão do Estado. Villanueva de la Serena. Badajoz. España.

....

Sí. Llovía.

Cómo me incomoda cargar las cosas.

Los cartones con apuntes (y tengo en ellos poca fe; casi nunca me sirven finalmente) peligran en el portaequipajes de la capota y no hay nada, además, tan inconfortable como domesticar los brazos del pulpo;

los libros tienen un peso engañoso;

las botellas —de Amarante— se corren resbalonas durante el viaje. Es un vino muy melindroso, a veces llega mareado;

además de unos hierros forjados para pagar algo que no está bien pagar con dinero llevaba atravesado en los asientos de atrás un atril de iglesia, sin demasiado rubor porque así me adelanto a un chamarilero sin alma (arguyo).

Son los bagajes materiales. Pero debiera ensayar el inventario ¡cuánto más difícil! de mis sentimientos. De las escapadas a mi solar de la Beira Alta, cada vez más raras, creo arrastrar un patriotismo entonado. Amo a mi ciudad y a sus gentes, pero no alcanzo la categoría de muchos paisanos míos siempre nostálgicos y quejumbrosos asegurando donde sea que no hay aire puro como nuestro aire, historia como la de nuestros duques. Por esto marcho sin ninguna complicación. Todo tan plácido, vago. Tan ajeno, desde hace bastantes años, a mi verdadera biografía.

Se acercó el Fidelino Chiclão.

Banal y zarandeado personaje, hubiera sido una locura atribuirle la menor capacidad de influir sobre mi porvenir en marcha, ya el motor giraba calentándose hacia un mundo que es verdaderamente mi mundo.

El verano que viene no estaré —dijo.

Yo estaba a disgusto bajo la lluvia, que a nuestros 2.000 metros tan pregonados es aguanieve. Nos dimos la mano. Qué curioso, caí entonces en que acaso fuera la primera vez en toda la vida que el Fidelino Chiclão y yo cambiábamos ese gesto corriente de relación, también ocurre que los rapaces de entonces tomábamos estas cosas como contrarias a la hombría. Pero más curioso es que hoy, tan lejos y no sólo en kilómetros de camino, recuerde el contacto efímero de una mano. Era una mano comunicante. Una superficie sustancialmente desnuda que dejaba adentrarse hasta tuétanos más allá de lo común. Alguna vez he maldecido estando con una mujer la impotencia para alcanzarla de verdad, aludo a ese deseo total en que no nos basta la piel ni los ríos de las venas ni el aproximado relieve de los huesos. La mano del Fidelino Chiclão, además de un fugaz asombro por el gesto en sí mismo me dio una sensación extraña, próxima a la dentera. Nos soltamos. Y él, como quien ha ido a despedir a alguien de su agrado y le regala para el viaje lo más que pueda regalar:

Dígote que el verano que viene no estaré. He sabido que *aquello* —lo remachó, desviando un poco la mirada— era sólo un aviso. Ahora sé el día exacto, y esa vez no me despertaré.

El Fidelino Chiclão soltó el día, el mes, el año.

Sus palabras últimas las retuve un instante, pero debí arrancar corriendo porque ya unas bocinas me pitaban agoniosas: en Guarda hay pocos coches, pero los pocos que hay se dan cita en mi rúa estrecha, lo sé, el día y a la hora exacta en que cargo el coche deprisa, hala, hala. Las curvas de la sierra. El escrúpulo de palpar una vez, otra vez, si va bien quitado el freno de mano. Probablemente, casi seguro, me acordé del Fidelino Chiclão y su insólita profecía, desde el regocijo inevitable a la comprensión de que un suceso como su casi enterramiento en vida deba dejar una huella, un mínimo desajuste mental. El pobre. Stop. Qué opresión en el pecho, Castilla. Españolitos. Qué absorbente y eterna. Burgos con sus puentes, guardias de la circulación tan tiesos como los reyes de piedra de los puentes, Pancorbo. Vitoria. (Hay que ponerse en su caso, despertar con cuatro velas encima.) Y al fin la otra frontera. No sé por qué me ha parecido siempre la verdadera, mucho más que al cruzar la rayiña de Fuentes de Oñoro. Hendaya lo cambia todo. Incluso los pensamientos. Lo que ahora bulle en mi cabeza pertenece al proyecto único, continuado, cuya primera noticia puedo situar aunque parezca extraño en un día nada confuso de mi niñez, luego en los lápices de colores y en el derroche clandestino de papeles, Lisboa, la beca de la Fundación, el primer pasaporte... Y ahora una vez más la rentrée que abre las puertas del año nuevo mejor que un 1 de enero, interrogaciones y compromisos sobre el qué y el cómo del arte, impaciencia por la lucha que olfateo próxima, como un caballo de carreras. La chica de mono azul, pero femenina como de boutique, me llena el tanque de la gasolina. Una camarera madura, pero de buenas carnes, me da conversación mientras se calienta un sandwich. Algo debí de sentir, porque recordé que hacía dos meses que no me acostaba con una mujer. Guarda es una ciudad sólo de hombres. Al final de una recta larga larga en el mapa, Nacional 10, París huele bien en setiembre. Claude olía —entonces— a París y a estreno. Entonces.

....

No. No se puede negar que es un aviso filosófico. El de que pasado ese límite los billetes hayan dejado de valer.

Allí —Metro de Louise Michel, ya muy menospreciado de los anunciantes como terminal de línea—, por segunda vez en tan poco tiempo, quizá dentro del espacio de una sola hora, la fecha del día se me representó. Ahora sin mirarla escrita. Fue la sensación de algo que tuviera que ver con otro planeta. Luego se concretó de una manera bastante necia. Pensé en la apariencia de un hombre con un solo testículo, quizá las mujeres no le noten nada, puesto que la bolsa es única en todo caso. Me sonreí. Una sonrisa como de bastarse a sí mismo, de imprudente superioridad. Me equivocaba, ahora lo puedo decir.

Por esto aconsejo matar la mosca cuando empieza.

La mosca mínima y balbuciente casi graciosa, cómo nos enternece su vuelo. Es la ocasión de destruirla, sin energía sobrante, eso sí, de un golpe pragmático y ajeno al rencor. Pero algo que no aspiro a explicar me envolvió en una telilla de pereza, la dejé vivir. Vivir y hasta engordar un poco:

¿Y si realmente, Él..?

(ÉL. Ahora caigo en que desde hace algún tiempo vengo rodeando su nombre.)

Absurdo. Una vulgar catalepsia; y quién iba a inspirarle tal predicción. Una ocurrencia presuntuosa.

Presuntuosa no cuadra con su carácter.

Está bien. Dejémoslo en que nada de esto me interesa.

Pero un poco más. Otro poco más. Y como un asedio en tarde de bochorno, inevitables, tenaces, los rasgos personales de ÉL. A veces un manotazo y se marcha. Se acabó. Pero ya vuelve, zumba. Come con nosotros pero sin dejarse caer en el cebo de la sopa, asiste a nuestros insomnios, noches pasmadas, blancas, perdidas para el trabajo, para el descanso, incluso para el vicio. París es un desierto. Quizá influye que mi cuarto da al Luxemburgo y la noche traduce a negro el verde de sus hectáreas, negro, negro, ¡por fin la mañana!, huimos pero ya está ÉL esperando dentro del coche, ella, va a la pantalla panorámica del cristal, se incluye en el plano más delicado de la muchacha que acabamos de desnudar.

¿Te gusto así?

Cuyo cuerpo íbamos a besar.

¿Y así?

No tengo cámara ni aparato alguno, lo filman mis ojos. Lo dirige mi voz: La boca anhelante, Claude. ¿No sabes lo que es una boca anhelante? Por fin lo sabe. Ahora pon la mano en el cuello, vete bajando despacio, suéltate el primer botón. Pobre Claude, tan suave y animal, ella cree que se trata de un juego erótico. A veces también, sí. Pero ÉL y su delgadez deshuesada, el pelo blanco con un remolino, la mirada de susto como un menestral en una ampliación fotográfica, ¡por fin caigo en su nariz!, el cerco violeta de los ojos. Tal fue como había llegado a crecer desde su insignificancia. Yo tuve que avenirme, qué quieren que hiciera.

Oh, querido, no es... no eres como antes, acaso unas vitaminas...

Soy un hombre, un portugués, si quieres un garañón búscate un negro.

Claude gimotea un poco. La maltrato un poco. Pero al fin le doy gusto; y en el rato de tregua después de que se ha tirado de la cama sin ninguna pereza a hacer en el baño todas esas cosas que hacen las francesas tras el amor y ha vuelto para el cigarrillo más sabroso, encima de la sábana, me agradaría que lo entendiera. El editor no lo podría entender, nuestro ilustre artista y mi fotograbado con barba a cada paso, que al igual que lo hiciera Almada Negreiros lleva el nombre de la patria más allá de mares y fronteras, triunfador en París.

....

París es grande. París es todo, agencias matrimoniales de perros tienes y recogidas vísperas conventuales, inclusas secretas y fábricas de pantalones usados, sociedades de amigos de los puertos de mar, escuelas de extirpadores de tatuajes. Dadme papel, un lápiz, ensayaré el plano parapsicológico de la villa más completa del mundo. Orilla izquierda del Sena veréis decadentes seguidores de Mesmer y espiritistas abrumados por el élan de los universitarios jóvenes. Aprendí una puerta estrecha y emocionante junto a las falsas ruinas del Temple de Pentemont, salvoconducto hacia experiencias de los objetos evocadores. Si se va a la sesión de las 4 tarde en el cine Déesse de la Rue de Sèvres y se acomoda uno en las filas casi finales y se sabe el santo y seña de la ocasión precedente, una mano que incluso puede ser suave y alentadora nos sacará y conducirá a la 4.ª dimensión, qué menos que a sus gradas. La rive droite se queda en la visión en cristal y la varilla adivinadora, pero jamás la simplicidad me ha parecido desdeñable y menos en estos asuntos. En Neully, villas lujosas proporcionan escenario a los últimos gritos del polipsiquismo o psiquismo colectivo. Y la cueva de los hindúes de Bangalore, en la calle que enfoca el cementerio del Padre Lachaise, justo se llama calle de la Reunión. Cómo me iban a faltar mentores:

Venga a nuestra meditación, sólo tiene que traer una participación a los gastos.

Fui.

Hay seres excepcionales, hermanos míos. Criaturas no pocas veces con un coeficiente intelectual irrisorio (su mirada acobardada y sin luz, su elemental dependencia de los dulces) a quienes se les entrega gratuitamente la gracia.

¿La de saber el día de su muerte?

Oui, monsieur, el día y hasta la hora (la admiración con que lo calzaba la hermana menor).

....

Basta. Al fin he tenido que pedirlo yo mismo. No un médico, 3 médicos. Está la posibilidad de las drogas, sueros. Claude (y el marchante, no se lo he podido ocultar), que el psicoanálisis sería algo lento pero mejor. Me quedo con el doctor menos espectacular, el que me escucha larga, plácidamente, y al final se reduce a citar a Wilde: que para librarme de las tentaciones me dejara caer en ellas.

No luche frontalmente, amigo mío, todos estamos llenos de manías que no hacen daño, lo que sin remedio enferma a un hombre es contrariarlas.

Así que miraré debajo de la cama antes de acostarme;

y colocaré el caballete de modo que no me queden las espaldas vendidas por una puerta detrás;

e iré al montoncillo de los pañuelos en el armario y cogeré el segundo: el primero nunca;

y no me dará ni rastro de vergüenza confesarme que me gusta exprimir la piel —mía, de mi amante, como si fuera de la portera— para ver salir lentamente el churrito fino de la espinilla, es una sensación muy deleitosa;

y por qué va a ser rareza o perversión que le marquen bien la raya a mis pantalones. Por qué. «Tu es marrant, chéri.» Mejor una muchacha sombría, copiosa de pelo por donde quiera que a uno se le ocurra y relativamente carnosa como conviene a su edad que en algo ha de vencer a la mía, vestida a medias pero con tela brillante y apretada, la quiero de pie y de espaldas, domeñando con la plancha el paño del pantalón que pronto voy a sentir un poco húmedo sobre mi carne, cálido aún del hierro y de la mujer.

Y los periódicos.

....

Esta mañana, de pronto, he bajado las escaleras de la consulta con la sensación de no haberlas subido nunca. Salgo a la calle. Quizá llueve, pero es la primera vez en mucho tiempo que París no es un cubo grisáceo. El Metro está lleno de anuncios alegres, consolador que *Nicolas* sirva sus finas botellas a domicilio. También hace meses que no compraba unas flores. Claude habrá venido a casa por algo, quizá por mí mismo, y no me deja pasar del vestíbulo sin apoderarse del ramillete y lo mira incrédula, baja un poco la cara y con la cara acaricia a las rosas. Le ha gustado el frescor olvidado y húmedo. Me busca.

No, espera. Ahora tengo que hacer algo.

El *Faro da Beira* es el único hilo, delgado, que me enlaza con mi tierra propia, a veces (pienso) no más que con la palabra que la designa. Sólo el semanario independiente, llegándome cada medio mes aunque en la cabecera siga poniendo semanario. Están los ejemplares sucesivos, intactos, quietos, mudos, desde el día que yo sé. También sé que en uno de ellos, exactamente en cuál, habita el vencimiento de la última tentación. No se resista en vano amigo mío, todo lo que usted quiera y usted pueda hágalo. Meto dos dedos de mi mano derecha entre el periódico y su envoltura. Despacio, tranquilo, con la seguridad de quien ha encontrado un camino que ya nadie podrá cegarle. Por esto mismo me detengo en la faja. Ahora soy yo mismo una faja, una dirección. El meritorio de turno va aprendiendo (pronto se rebelará) el estilo torneado del director, escribe mi nombre sobre la Remington eterna, Excmo. Sr. Augusto Jesús Pinto de Andrade Silva, 12 rue de Fleurus 75.006, París, France, estoy seguro de que al escribirlo me imagina. Allá de muchas montañas, importante, por encima de pequeñeces y miserias es como el rapaz me imagina. Y no va desorientado, ahora que con la estrecha tira de la faja voy a romper otras ataduras. En este tiempo ruin he pensado que no soportaría desplegar el formato invariable y llegar a la página de las esquelas, por si realmente estaba allí su nombre con los apellidos verdaderos, sus afligidas hermanas, y la fotografía y la fecha. Y ahora:

Bien, gatita, c'est fini.

Claude no puede entenderlo del todo, es igual, viene y se frota contenta de arriba abajo, del contacto surge una electricidad fugaz, no sé si es su cuerpo o el tejido de nylon de la blusa.

Sólo un momento, quieres —todavía la aparto.

Pero tiene algo de morboso, y agradable: ahora que está la liberación en la mano, demorarla. Saber que basta un tironcillo al precinto engomado y —de pronto la he presentido, la empiezo a oír zumbar, la veo— ella caerá fulminada para nunca jamás volver. Para nunca jamás volver. Pa-ra-nun-ca-ja-más-vol-ver...

¡NO!

Pero chéri.

Bolas, NÃO! Ya es demasiado adulta. Se ha criado a mi lado. ¿Y es que no se puede coger cariño a una mosca?

(Travelling lento hasta plano grande de mosca ocupando toda la pantalla.)

LAS EROTECAS INFINITAS

Aquel bote de leche condensada y en su etiqueta un niño que sostiene en la mano un bote de leche condensada donde la etiqueta tiene al mismo niño con el mismo bote de leche condensada en la mano cuya etiqueta...

pero ella no podía saber que aquella tarde, justo en aquella tarde sin relieves fuera a cambiar su vida. La voz de Mr. Edward Aldington por el teléfono había sonado desvaída como siempre. Lo siento, señorita Brooke, usted puede dejarme la firma urgente y marcharse. Bien, señor, me ocuparé también de ordenar algunos papeles. Haga como usted quiera, en cualquier caso yo no podría volver a tiempo. La señorita Mary Jane Brooke trabaja con su jefe en varios idiomas, ahora se aplicaría a la máquina más eléctrica y más silenciosa, que produce una correspondencia intachable, sólo asuntos que no pueden confiarse a las mecanógrafas de número. El papel timbrado de la Dirección General no se degrada con Su referencia Nuestra referencia Cítese en la contestación, una severidad muy elegante, se alegró. Lástima que su ascenso reciente la haya distanciado de compañeras gratas antes bulliciosas y francas en la oficina común y reticentes ahora, incluso recelosas ahora, «Mejor ser cura raso que paje de obispo, mejor soldado de filas que asistente del capitán», retóricas de esa Sheila donde acaso la envidia no anduviera lejos. Ella: Mary Jane Brooke, 28 años, nacida en Hillsborough, Down (Irlanda del Norte), secretaria primera de Mr. Henry Edward Aldington, director general (y quizá próximo presidente) del Banco del Oeste. Viejos ordenanzas, cronistas los más seguros de la Casa dijeron que nunca se había visto en el antedespacho del despacho más recóndito y solemne una funcionaria tan joven. Cierto que el mismo Mr. Aldington es joven. Pero esto sólo podría saberse mirándole los documentos de identidad, nunca a través de la oscuridad de sus trajes y costumbres implacables, de la conciencia con que asume el talante de solterón cuando es sencillamente un soltero, te gustaría decírselo un día, Jane. Cada holandesa de papel ductor especial, limpia, tersa, graciosa de márgenes, ocupó una división en la carpeta lujosa de la firma; y la carpeta misma, transportada casi con reverencia, cubrió sobre la mesa pontifical un rectángulo que no necesita guías o señales para que siempre sea idéntico rectángulo. La señorita Brooke se aseguró aún situándose junto al sillón. Un momento sintió el inocente deseo de probar a sentarse en él pero lo rechazó como a tentación indecorosa. Se ocuparía de los recortes. Es verdad que la Paragraph International Agency los suministra mediante abono, pero esto no excluye el cuidado de recoger por si acaso todo cuanto pueda aludir a Mr. Henry Edward Aldington del Western Bank Ltd. La señorita Brooke había llegado al virtuosismo. Cogía cualquier periódico o revista, dejaba vagar su mirada —mejor tranquila, relajada— sobre la superficie de la página impresa, y era seguro que si allí se había escrito Aldington, la peculiar, única, inconfundible organización de las nueve letras vendría a buscarla a ella, y no al revés. En realidad, era un trabajo agradable. Lástima

—siempre una nubecilla— que Mr. Henry Edward Aldington (la señorita Brooke se siente satélite de su brillo) no aparezca apenas en los magazines mundanos. Esta vez reunió un par de referencias. Primero aísla el territorio en un óvalo de lápiz rojo grueso (nunca de rotulador o bolígrafo); luego, las tijeras, cuidadosas de evitar los picos y flecos; al fin anota al margen el título de la publicación y la fecha. Con todo, un vistazo a su reloj le dijo que era temprano. La tarde se declaraba lluviosa en los ventanales que dan a Lombard Street y no ofrecía a la señorita Brooke alicientes capaces de competir con el calor amable de su propio trabajo. Demoradamente recorrió el despacho amplio, grave, marginado de la calle y el mundo por cortinas pesadas y cómplices como la alfombra, y al paso iba comprobando el orden, porque de restablecerlo no había la menor ocasión. Todo el frontal del fondo es biblioteca, un testero amplio donde además de libros hay un auténtico Turner y detrás del cuadro —imaginó ella—, ese secreto cofrecito fuerte de las películas. Antes, bajo el imperio del casi anciano Mr. Aldington que llegaba con una flor en el ojal sobre el traje claro y sport y pellizcaba a las secretarias, cuentan que hubo también cajas de cigarros elaborados en exclusiva por Davidoff y un bar copioso; pero el vástago sucesor determinó los cambios, pasada una semana de respeto. Los volúmenes, alineados, podrían soportar la revista de comisario más exigente. Sin embargo, la señorita Mary Jane Brooke, cumplidora, estaba allí para trabajar en su nuevo puesto. Se acercó. A los libros —piensa la señorita Mary Jane Brooke— no les basta el aspirador o la bayeta, a saber: hay que levantarlos, airearlos, acariciarlos puede decirse, aunque sea para restituirlos pronto a su infinita espera, estas revivencias los descartan de la comparación con un museo, peor si es un cementerio —puntualiza la señorita Mary Jane Brooke, romántica—. Y por si no hubiera bastantes indicios de que Mr. Aldington junior es... especial, los rótulos de los lomos perfeccionaban ahora mismo su retrato. Allí en la cúspide de la pirámide (cada empleado tiene el deber estatutario de conocer el organigrama del Western Bank Limited), de una pirámide desentrañada y fría, resultaba chocante, y encantador, aquel retén de la gran literatura de todos los tiempos. Desde los griegos. La secretaria sintió un orgullo personal por el fervor de su jefe. Movió y removió. Homero y Virgilio, los Vedas y los poetas chinos. Don Quijote de la Mancha (era como una reválida) y los novelistas rusos, Shakespeare por supuesto y Dickens, todos volvían a su lugar exacto pero más vivos y coleantes. Y su lugar exacto era el más visible, o sea honroso, o sea preferente. Pues detrás, postergada y hasta escondida encontró una segunda línea en encuadernación de encargo aunque no lujosa: títulos, ahora sí, perfectamente coherentes con la dirección de un Banco; pero que al lado de Balzac, ¡ah, Balzac!, sonaban triviales hasta el aburrimiento. Éstos también, se decidió Miss Brooke por la imparcialidad. Así fue como por accidente se le escapó de las manos laboriosas el *Comparative Economic Systems*. ¡Vaya! —exclamación, pero entonada—. Y eso que no sabía, aún no podía saber que aquel tomo soso y despanzurrado iba a cambiar su vida de secretaria primera y de mujer (puesto que lo que había dicho Mr. Edward Aldington por el teléfono más privado con su voz descolorida como siempre es que no volvería aquella tarde), pero no adelantemos los sucesos. Bajó, pues, de la escalera portátil de madera noble, levantó al caído y ya lo llevaba a su rincón tras alisarle las hojas maltratadas. Entonces tuvo esa reacción un instante tardía que tanto gustaba en Hollywood para subrayados festivos. ¡Pero cómo! En un impulso abrió el libro y éste obedeció exactamente por el lugar de su forzadura al caer. El hábito de los recortes le había hecho a la secretaria sagaz retener una palabra. ¡No es posible, debo estar mal de la cabeza! La palabra, en efecto, estaba allí. Absolutamente bastarda en un *Comparative Economic Systems.* Tanto que Mary Jane Brooke se limpió los ojos y miraba arriba y abajo el lomo del *Comparative Economic Systems:* y era ciertamente el *Comparative Economic Systems.* Se internó en la lectura y le bastaron pocas líneas para deducir, entre indignada y divertida, el lapsus mayúsculo del encuadernador de la Casa: «Sonreí y le tendí las manos, él se arrodilló, cortesía que tan sólo el amor, gran maestro le había enseñado, y las besó con ansia. Después de un intercambio de preguntas y respuestas confusas le pregunté si querría entrar en la cama conmigo durante el corto tiempo que pudiera retrasarle. Era lo mismo que preguntar a un hambriento si querría saborear el manjar que más le agradara...» Pues sí que tiene gracia, resumió Mary Jane. Y: Esperemos que sea un caso único. No era un caso único, pues el aparentemente *Die National-ökonomie* del *Gevenwart und Zukunft* relataba en su entripado aventuras del mismo color, sólo que la protagonista en vez de Fanny Hill se llamaba Grushenka y sus pasos —sus malos pasos— transcurrían entre padrecitos y samovares, muchos samovares hirvientes y padrecitos que no lo estaban menos. La señorita Brooke sabía, cómo no, que existen libros así, la pequeña biblioteca de Sheila. Sheila (recordaba de cuando compartieron el apartamento) era poco escrupulosa y algún sábado de callejeo se habían detenido las dos en tiendecillas no lejos de Piccadilly hojeando el material. Además, Mary Jane Brooke no es que se chupara el dedo en materia amorosa. Tenía sus propias experiencias, y con esto y el ambiente permisivo y hasta acuciante de los espectáculos, los anuncios, el folklore sexual, era lógico que aquellos relatos elementales y aun ingenuos la dejasen fría. «La princesa estaba sentada delante de un espejo, en su tocador. Boris el peluquero estaba muy ocupado peinándole los largos y morenos cabellos. Una joven sierva sollozaba —sin duda acababa de recibir una azotaina— de rodillas en el suelo, mientras pintaba de rojo las uñas de su licenciosa señora. En un rincón, cerca de la ventana estaba sentada Fräulein, leyendo alguna poesía francesa. La princesa escuchaba con poco interés o entendimiento. El poeta francés había introducido en su fábula toda clase de personajes mitológicos que nada significaban para la caprichosa oyente. Pero cuando describió cómo penetró en la gruta de Venus el asta enorme de Marte, eso sí que mereció toda su atención.» Como quien oye llover, era la respuesta de Mary Jane a aquellas sugestiones. Un rato seguiría picando aquí y allá en las páginas camufladas —la condesa Gamiani traía por fuera un título de Servan-Schreiber J. J., igual que *Mi vida sexual secreta, El caballero y la doncella,* hasta las nada ejemplares *Memorias de una pulga* ocupaban los pliegos internos de volúmenes aparentemente económicos o políticos—; pero al fin, consciente de su deber, decidió abandonar. Porque, en definitiva, el oficio de la señorita Mary Jane Brooke es la fidelidad: aceptar que Mr. Henry Edward Aldington tiene siempre razones para lo que hace o deja de hacer (qué raro, ahora no se lo imaginaba de oscuro). Y sin duda hubiera sido allí el punto final, de no entremeterse otra vez el azar. (Ella no sabía, no podía saber que estaba girando su destino.) Fue al restablecer definitivamente la disciplina cuando apareció aquel volumen rezagado. En rústica. Sin ninguna falsa tapa —aún— que lo velase. Por esto caía simpático. Y con algo de llamativo, desde la misma portada: unos pulposos gruesos labios de mujer que contenían en su mohín casi indecente otros labios de mujer, y éstos contenían otros, y así, y así, hasta que la vista se declaraba incapaz pero seguía suponiendo labios y labios hasta el infinito. *Las erotecas infinitas* era, precisamente, el rótulo (quizá condenado a ceder el paso a un mendaz *Theories of Economic Growth)* sobre la vorágine de las bocas. Tiempos llegarían en que la secretaria primera de Mr. Aldington volviendo con el recuerdo sobre estas vivencias tratara de analizar por qué había retenido precisamente este libro y se demoraba en su lectura y hasta buscaba mejor acomodo, ¡Caramba, pero si estoy en *su* sillón!; de analizarse a sí misma ¡la irreverencia de los pies desnudos sobre la alfombra alcahueta! con el rigor metódico de un memorándum de trámite: A) El papel de la cubierta era terso, suave, poco menos que turbador al tacto. B) El primer capítulo parecía ocurrir en América del Sur, su ilusión lejana de siempre. Y, muy acusadamente, C) *Las erotecas infinitas* no tenía cortadas las hojas y su plegado determinaba una cadencia hecha de páginas que se podían leer, otras que se leían sólo en parte, otras que quedaban definitivamente ignoradas, así desde el principio al fin, intrigando, pinchando, prometiendo, todo como visto con intermitencias de luz y sombra por el ojo de una cerradura. Ciertos aunque secretos son los mecanismos del alma (y del cuerpo, que la lectora empezaba a sentirse). Porque de saltear las páginas, una vaga y no ingrata blandura iba ganando a la pundonorosa (en lo laboral) señorita Brooke. Resignada a las frecuentes lagunas —al lado, un abrecartas de plata, terrible tentación vencida—, avanzaba con avidez, y lo incógnito era en su naturaleza profesionalmente deformada una representación gráfica —mecanográfica— de espacio vano que en el Western Bank Ltd. es regla sagrada inutilizar con guiones precautorios sobre cualquier documento que sea. Una cosa así — — — — — — — — — — — — — — — se distraiga, por favor, ya sabe después su papá.» «Si es que me duele algo la cabeza.» «Pero qué me dice, un muchachote como usted tan fuerte, eso es ni más ni menos que la vagancia, Humberto.»

Se trataban con respeto (incluso después de lo sucedido en la clase del otro miércoles), guardando una distancia verbal que resultaba más ostensible en el buscado y oscuro acercamiento de los cuerpos jóvenes —ella como cinco años menos joven, pero también, al fin—, por debajo de la mesa cargada de libros, cuartillas, diccionarios, era una mesa rica y sofocada, en la siesta profunda de Río Grande, «No se distraiga, Humberto, hágame el merito favor.» Humberto declina, conjuga, aplica al latín y al inglés su adolescencia pálida y ojerosa pero probablemente en el rabillo de su ojo derecho sin necesidad de abandonar del todo la página la señorita Noemí le entrega el comienzo misterioso de los senos, «Humberto, qué le vengo diciendo, tiene que estar usted en lo que está.» La señorita Noemí hace muy bien el papel de seriecita y hasta enojada, es la única niña de Río Grande que a su edad ha recorrido tanta Europa, por eso tiene que darse a respetar de profesora para la ayuda de los chicos suspensos. Pero pasa que ella ha leído muchos libros, además de los de texto se sabe algunas novelas en que institutrices o hermanas mayores o enfermeras o que sé yo alertaban a los pibes, ella siente un placer inmenso, un deseo invencible mucho mejor que con hombres hechotes y agresivos, y además rápidos y descuidados en el amor, sí, bastante más este resbalamiento penumbroso sobre el tiempo del reloj de pared, la sala huele a limpio y fresco y tabaco del señor Entrerríos, qué suave encanto Humbertito, si en seguida tiembla. Cuando viene en la guagua, Noemí qué guapa se la ve a usted, Te lo comería palomita, ella ni caso, ella a lo suyo, va diseñando en secreto el pormenor pedagógico de la tarde, «Le tengo un cuadro sinóptico que tiene usted que ver de cerca y con cuidado, fíjese bien en lo que estamos, de este modo usted lo recordará cuando el examen, esta primera llave es el periodo arcaico.» La mesa está hecha que hay que quedarse alejados por los palos y travesaños o de lo contrario en un gran aprieto, conque lo segundo, «Acérquese bien, no hay más remedio que coger en la cabeza esta llavecita, nunca se sabe por dónde van a salir los catedráticos.» Humberto Entrerríos tiene así como dieciséis años y sin embargo es tímido mentira parece, por estos tiempos que corren, alto, recio de campeón, al pobre se le da mejor la pértiga, piensa la señorita Noemí. La señorita Noemí siente pegadito a su lado un capital amontonado, la de hombres que ella podría tener en la comarca desde Río Grande a Trinidad y va y le gustan más los verdecitos así, voy a mirar en los diccionarios si a esa edad se es un adolescente, «Espere, Humberto, una pequeña etimología», y allí dice «Entre el final de la niñez y el comienzo de la pubertad, hasta el completo desarrollo del cuerpo.» Hasta el completo desarrollo del cuerpo. La frente misteriosa y pura o a saber después de lo de la clase del otro miércoles, qué sofoco, la barba naciendo, cuello, brazos, piernas, piernas, en las piernas, entre las piernas, pero si a esta edad son ya unos bárbaros, las palabras se encadenan unas con otras, «el comienzo de la pubertad», pubertas pubertatis, época de la vida en que empieza a manifestarse la aptitud para la reproducción. «Usted atienda a la tabla esquemática, grábesela en la memoria de manera que luego la vea con los ojos cerrados.» «Es que estos días últimos me duelen un poco los ojos, la cabeza.» «Pues no será de estudiar, a saber en qué otras cosas estará usted pensando.» «Pues en nada.» «En algo será, si no, no me explico.» No, sería inútil; él se moriría de vergüenza si ahora habláramos del miércoles, estos chicos pueden llegar a cualquier cosa si una no les habla y no les mira siquiera, de otro modo se ablandan de vergüenza como melcochita. Sólo la lentitud y la constancia sirven a la pedagogía, sabe la señorita Noemí. Deja al chico sobre la sinopsis. Ella cierra los ojos y se da a pensar maravillas, qué repelús le daría al pobre si ahora me acercase a su oreja como me enseñaron en Montpellier. Las orejas son una cosa terrible. Y ese trozo en la nuca bajo el pelo, y el pelo mismo que hay que ver cómo se lo lavan y cuidan los muchachos ahora. Sería mejor en el sofá. No, sería mucho correr lo del sofá. Aquí mismo, pegaditos el uno al otro por el asunto éste de la configuración de la mesa, irle aplicando todavía más la presión calentita de mi lado y un par de botones más, estoy segura que con el borde del ojo me está tocando. Tocar, rozar, apretar, abrir, romper, mover, sentir. La señorita Noemí tiene inventada una lección para algún miércoles futuro, acaso no llegue nunca pero habría que ver, verbos de significación y uso absolutamente normal y corriente que sin embargo proporcionan una inducción erótica, pueden llenarse páginas enteras, dar, gemir, consentir, tensar — — — — — — — — — — — — — — — deslizar, ceñir, titilar, jadear, ceder, sorber, sacar, hendir, fluir, palpitar, obligar, enseñar, probar, consentir, ¡Repetido, no vale!, rasgar, encender, los verbos, Humberto, entrañan esencialmente acción, Humberto, ¡híjola!, qué paradito es usted. Pero no se le puede hablar así a un pibe, a una niña de esa misma edad sí se podría lo que son las cosas, y qué bien que lo iba a entender, de manera que «¿Lo está usted entendiendo? el periodo clásico es aurea latinitas, primero época de Cicerón, segundo época de Augusto.» Y a la señorita Noemí le acude una duda clásica clásica, me moriría de gusto buscándole la pubertad y no sé si mejor desde arriba por la camisa abierta y esa medallita que aún no tiene vello donde enredarse, si mejor desde abajo qué bonita locura sobre el paño delgado veraniego y aquí el tobillo y un poco más la rodilla y un poco más el muslo hay que ver lo que tiembla, y todavía te estrechas en el dilema angustioso, los botones o la fermeture éclair, así que ya no hay quien te frene la cabeza, resbalar, explorar, arder... «Un momento no más, no quisiera estorbarles.» La señorita Noemí siente un sobresalto interior, es asustadiza de que le hablen súbitamente, más todavía si esto ocurre a sus espaldas descotadas con tanto calor, pero la señorita Noemí tiene buenos reflejos, otra en su lugar hubiera corregido el acercamiento y qué pavada, «Buenas tardes, señor Entrerríos.» Don Martín Entrerríos aunque ande solo por las habitaciones de la casa inmensa y en ropa descuidada es como si fuera a la guerra o de caza y rodeado de perros, lo llena todo, llena también una parcela muy guardada de la educadora linda, ella es un mundo inacabable de parcelas todas sabrosas. «¿Eso marcha, señorita Noemí?» «Esto marcha, señor, Humberto hace progresos, despacio, es verdad, pero más vale sobre seguro, no le parece.» «Entonces, hasta luego, no se me olvide.» «Sí, señor Entrerríos, con gusto paso luego por su despacho a ver si le traduzco esa carta, ciao.» El deber es el deber, conque «Ahora usted y yo no vamos a perder el tiempo, Humberto, mire, nos queda menos de media hora.» «Pero a mí me duele un poco...» «La cabeza, sí, ésas son maniítas suyas.» «No le cuente a mi papá que ando así algo malo, sabe.» «Yo no cuento nada, Humberto, usted tampoco debe contar... Usted es un hombre. Por cierto, yo pensaba que podíamos seguir con la lectura..., ya entiende, lo que llamábamos literatura viva.» «Ah, qué bueno.» «Y le gusta la aviación, claro.» «Paracaidista.» «Pues acérqueme mi bolso. Gracias. Me han prestado el libro, mire qué mona la carátula, *Las azafatas insaciables*. Usted lee y yo escucho para ver su entonación, puede abrirlo por cualquier parte, lo que nos importa es el lenguaje.» Acolchada. Intima. Y, sin embargo, horriblemente impersonal. Una habitación idéntica a cualquier habitación de tránsito en cualquier aeropuerto del mundo. La televisión en color; los programas de música a elegir en los mandos de la mesita de noche, o desde el sillón, o desde el cuarto de baño; el pequeño frigorífico silencioso. «Qué gracia, siempre te sientas en el borde de la cama, Audrey.» «¿Tú crees?» «Sí, si estás con el uniforme completo... todavía.» «Eres muy observador. Para observar así hay que ser desapasionado. No, no, deja, no tienes que violentarte.» «Es un placer.» «Qué amable.» Él y ella sabían que nada iban a hacer sin un previo juego de reticencias y frialdades donde vagamente encontraban los estímulos. «¡Oye!, lo que se dice un placer. Con el uniforme completo te veo ¿cómo diría yo?... espíritu de cuerpo. Resulta muy turbador sentir entre los brazos a la Compañía. Aparte de que tenéis tan buena literatura..., acuérdate en Hamburgo, cuántas novelas, películas con air-hostesses desnudándose en cuartos de hotel.» «Una racha estúpida, tendría una que querellarse.» «El arte es así.» «¡El arte!» «Realista.» «Creerás que porque tú y yo...» «Candorosa Audrey...» Audrey Masefield, azafata del grupo primero A del cuadro intercontinental, próxima su historia a las 3.000 horas de vuelo, es una muchacha espigada según exigen los reglamentos, y su atractivo físico supera incluso las marcas ya bien altas de esta codiciada profesión femenina. Su belleza está plantada, como puede suponerse, sobre unas piernas perfectas. Ahora las tiene cruzadas indolentemente, las medias bien tirantes parecen sugerir una lenta trayectoria hacia las delicadas fragancias de su feminidad. «Acércame los cigarrillos, por favor.» «¿Otro más?» «Son tantas horas de reglamento..., gracias.» «Es curioso, el bolso de una mujer. Pero en vosotras, más. Te adivinaré. Veamos... Tres encendedores, desde luego. Y ninguno enciende. Made in USA, made in Hong-Kong, pequeño contrabando de Tánger...» «Tiene poca gracia, John, esa presunción tuya de especialista.» «¡Vaya!, no me vas a decir...» «¿Que estoy celosa? Por favor. Pero resulta un poco estúpido. Bueno, por lo menos innecesario. Mira en la mesilla de noche, tiene que haber cerillas.» «Y ninguno enciende. Sí, esto es más seguro, Welcome to Montreal, el Royal Airport Hotel nos desea felicidad, Audrey. ¿Empezamos, Audrey? ¿Nos ponemos a ser felices?» «Cínico.» «Me lo dijiste en Amsterdam: Tu cinismo es lo más excitante, me dijiste. Te puedo describir en qué... situación estábamos.» «Calla. Entonces, puede que sí. Pero en frío es un horror.» «No, no. Lo que te gustaba era precisamente la frialdad impúdica. Que entrásemos tan serenos, y yo con el tono de quien habla de un vuelo ordinario o de la meteorología empezara Escucha, te diré exactamente lo que te voy a hacer. Y tú, el qué. Y yo, verás...» «Calla.» «¿Te acuerdas Copenhague? La película. La pareja de al lado. Te interesaban ellos más que la pantalla, Audrey. La pantalla también. Acuérdate. La hermana mayor. La hermana pequeña. El intruso.» «Soez.» «Tiritabas un poco en la historia aquella de la cárcel de mujeres. La joven reclusa, tímida, muy blanca, débil y sin embargo...» «Me pones... nerviosa.» «Sí.» «Deja al menos que me ponga cómoda.» «No. Aún no. Muy quieta. Enfrente. Atiende. Me gusta hablar contigo como en visita — — — — — — — — — — — — — — — es esto lo que te gusta oírme, dilo, pues lo grito, lo grito, ahora te necesito, y qué, o crees que no soy una mujer, pero te odio, te odio, te odio.» Y ya no hubo más juegos sino la honda ceremonia de la posesión de una mujer por un hombre, de un hombre por una mujer. Luego callaron. Luego hablaban tranquilos, un punto perezosos. Ella, de una viajera difícil, por ejemplo. «Inválida, sabes, le temo a la tiranía de los débiles.» Él le dijo: «Pero si es el trabajo que habías soñado siempre.» Y ella: «Como todas las chicas, sí. En mi pequeña ciudad, figúrate cómo suena... ¡Montreal!» «Romántico.» «Pero qué horror ¡otra vez ese ruido!, odio el ruido de un avión cuando yo no estoy dentro.» «Es Méjico, debe ser Ramky, es muy regular, fíjate, siempre sus diez minutos de retraso.» Ella sintió la refrigeración excesiva y tuvo un asomo de tembladera. Su camarada de vuelo, encontró sin titubear el botón preciso, como si estuviera en la cabina de mando del DC-9. «Todas las chicas, dices. Montreal. Hong-Kong. Río. Y luego ya ves, son sólo nombres, nombres por un altavoz.» «Y un hotel en cualquier aeropuerto, iguales, acolchados, insonorizados ¡pero se oyen los aviones!» «Ya pasó. Te apuesto a que es Ramky. Conozco el estilo de Ramky.» Se quedaron callados un largo tiempo. El hombre acariciaba a su compañera de una manera distraída, que sin embargo a ella la hacía bien. El piloto era más impaciente: «Oye. ¿Por qué no vamos al centro? En el bus. Ramky va al Calipso, seguro. Tomaríamos unas copas...» «Espera, ¿quieres? A lo mejor es un rato de silencio, sin ese horror sobre nuestras cabezas. Después...» «Bueno.» «Fíjate, ahora estoy tan a gusto. Sí, habrá sido un vuelo normal para vosotros. Pero chico, qué señora. Supermillonaria, dijeron. Artrítica. Y unos VIPS en primera que no sé por qué empezamos a desafinar en el almuerzo, uf, aún siento la ropa pegada al cuerpo, y abajo Terranova, los lagos fríos.» «¿Te acordabas de mí?» «Me acordaba del baño.» «Ya te has bañado dos veces. Oye, no es que me importe mucho, pero fíjate, podíamos con Ramky y su chica...» «Sólo media hora.» «Está bien. Mientras, ordeno algo de mi informe.» El piloto se sentó en la cama y puso sobre sus rodillas fuertes y velludas la gruesa cartera de mano. Entonces se acordó: «¡Pero si te he traído un regalo!» «Menos mal que me lo dices.» «¿Sabes de dónde?» «De Roma.» «No, de la escala de París.» «Un perfume.» «No.» «Marrón glacé.» «No.» «Un disco.» «Templado, templado.» «¡Un libro!» «Sí. Tómalo.» Audrey tomó el envoltorio hecho con papel discreto, neutro, anticipó a su compañero un beso de gracias y se puso a abrirlo. En seguida, lo hojeó. «Oye —dijo él—, no creo que debas leerlo ahora, no nos vayamos a enredar otra vez.» «Si es una porno francesa —dijo ella— te apuesto a que hay un castillo apartado.» «Entre alamedas sombrías —dijo él—.» «Con su condesa, a la que corrompe el marido.» «Con el conde depravado, la huérfana...» «¡La huérfana que se llama Solange!» «El conde y la condesa, la huérfana Solange y el joven y vigoroso guardabosques que al fin entra en la combinación.» Se rieron los dos. Era, aun antes de enseñar su contenido, un precioso objeto como suele salir de ciertas prensas francesas, y en el colofón: Tirée à 500 exemplaires, tous numérotés. De la minoritaria serie —«Très, très spécial, me dijo el vendedor»— Audrey tenía en la mano el exemplaire n.º 95. Con los grabados originales. Una preciosidad. «Los dos hemos perdido la apuesta, John, escucha. Aquí mismo, hacia la mitad.» No, no, se confirmaba a sí misma Yen-tchou, qué interés puede haber en la fiesta del gobernador, oh, los notables de siempre, el influjo avieso del licor de arroz, los cumplidos sonando a falsos en su exceso y siempre la sensación de cortejo asediando, un círculo de ojos, de manos, de bocas de deseo. Pero, sobre todo, esta noche más que ninguna otra, la atracción de la propia casa, adornada, iluminada en la esperanza de que fuera ya la noche del gran regreso. Poco más que adolescente, enamorada y fiel, Yen-tchou sentía la felicidad de saberse unida a la estrella de un hombre prestigioso, abocado a los altos destinos del Estado, Tchang el Probo, lo musitó para su gozo íntimo, Tchang el Probo. Lástima, suspiró, que el deber duro aunque brillante de una embajada lejana se lo hubiera arrebatado cuando los dos, jóvenes e incansables, acababan de descubrir el verdadero amor. Ahora, al fin, el calendario dejaba prometer la feliz revancha, quién sabe si en aquel mismo inicio de la luna plena. Como cada vez que la cercaba una emoción o un confuso anhelo, se aproximó inconsciente al rincón de los instrumentos de música. Desde insondables tiempos de preponderancia la familia de su esposo guardaba una colección envidiable donde junto a las simples flautas de bambú de tres agujeros esperaban el arpa y el laúd, el pequeño armonio, las muchas clases de gongs de piedra y juegos de campanas. Escogió Yen-tchou la bandola, y el lance de ponerla sobre su regazo tuvo un aire maternal pronto sustituido por el más tenso de la mujer que a la altura de su propio vientre acaricia el rostro ávido del amante. Fue una rapsodia triste y perezosa, al comenzar. El poema, recitado sobre la melodía llamada de los álamos blancos, tenía algo de añorante, pero también de aleccionador sobre el paso irrepetible del tiempo: Disfruta del día que pasa/Retén su zumo antes que la noche lo seque. Luego, el tema se hacía más vivo y desgarrador, casi frenético en los acercamientos a su culminación. Los dedos largos y finos movían el plectro sobre el temblor gimiente de las cuerdas, y aunque entregados a la más pura y espiritual de las artes, no podrían ser vistos, ni por el más impasible entre los espectadores, sin alentar similitudes con erizantes argucias del amor. La mujer sintió ella misma la asociación de las ideas, pues alterada en todo su cuerpo y más que na — — — — — — — — — — — — — — — rechazó con un arranque sospechoso de tan excesivo, y presurosa iba de un lado para otro en busca de ocupaciones pequeñas, de olvidos para su granada desazón. Ordenó y desordenó y volvió a ordenar las cajas laqueadas donde esperan ser elegidas las sortijas de jade, los pendientes también de jade, las perlas, los adornos de oro trabajado. Mezcló perfumes. Tomó de florida bandeja unas pepitas de sandía, pero ahora, ay, sin el rito de ofrecerlas al esposo en el borde de los propios dientes. Midió con sus pasos breves la estancia que reducían a mayor intimidad los decorados biombos, acaso deteniéndose a contemplar un grabado, a recrear con gentileza un ramo de crisantemos. Y al fin, inquieta, se dejó caer sobre el mullido puf frente al tocador, a mimar todavía sus uñas, ya de sobra atendidas por las doncellas. Era una ocupación plácida, propicia a los ensueños. Se dio a recordar las últimas experiencias de su vida, que antes era lenta y sin gusto y luego se había hecho vertiginosa y sápida. Pero esto último no había acontecido de repente. Los primeros tiempos de matrimonio fueron de formalidad entonada y fría, donde dos seres corteses mas perfectamente desconocidos uno del otro soportaban las consecuencias de la tradición que amaña las alianzas. Ella no había sentido disgusto, tanto no, pero apenas conseguiría evocar ni uno solo de los abrazos de aquel noviciado sin gracia. En cambio, recordaba minuto por minuto la ocasión festiva en que la vida de Tchang y de ella misma había cambiado como al soplo de piadosas divinidades. Tchang el Probo, que dedicaba la existencia a los libros y sobre ellos fundaba sus aficiones, fue inspirado para aportar cierto día, a la hora de la velada conyugal, aquel álbum sobre cuya procedencia no quiso ella extremar las preguntas. Juntos comenzaron a examinarlo, primero con expresiones de desdén y hasta reprobadoras, luego con risas cortas y nerviosas, después con demorados silencios, hasta atreverse a la crítica y glosa de cada una de las posibilidades. Terminaron amándose en la oscuridad sin palabras, como lo hacían de consuno. Y sin embargo, aunque todo fuera lo mismo, todo había empezado a ser distinto. La vigilia siguiente, el letrado adelantó el momento de abandonar los severos estudios de la religión y la filosofía, y Yen-tchou lo estaba esperando, como alertada por los presentimientos, en un descuido de sedas escurridizas que hiciera fácil la imitación de cuanto habían aprendido por los ojos. Lo imitaron todo, lo sobrepasaron todo, a lo largo de semanas en que la primavera pareció detenerse, cómplice. (No hay nada prohibido para quienes / hacen el fuego con su propia carne.) Luego, arrojada cruelmente, fue el pozo helado de la ausencia. De la noche de los adioses podía reproducir Yen-tchou los contactos, los sonidos, las palabras, los olores y los sabores. Ahora, revivirlo era gozo y angustia. Las celosías que dejaban pasar el fresco de afuera, toleraban igualmente el aire del jardín, emisario del membrillero y el almendro en oleadas de aroma. Se sintió enardecida. De pie, plantada como el bambú en una tarde sin viento. Y contemplándose en el espejo más grande, acometida de una súbita codicia (Cantemos melodías sobre el Ying, sobre el Yang / y demos a los ojos los paisajes sin velo), se ofreció el regalo de la propia hermosura. Que, sin pareja, le pareció una vana mutilación. Fue entonces cuando incapaz de contenerse por más tiempo, cayó en la tentación que había desechado. En el secreter de un mueble que ostentaba la pátina de viejas incrustaciones, dormían los volúmenes con que Tchang el Probo, poco a poco, había formado la colección iniciada en aquel primer tomo de tan señalados efectos. Pues era cierto que esta clase de obras, solamente siendo en buen número permiten ser miradas y leídas de modo que al terminar la serie pueda volverse a la del principio con el encanto de la novedad. En cuclillas sobre el muelle tapiz, luego acostada en voluptuoso abandono, la gentil Yen-tchou hallaba como casi inéditos *Los palacios perfumados del placer; Las memorias del monje libertino; La historia inexpurgada de la colcha amarilla*. Sin que ella supiera a ciencia cierta el porqué, fue este volumen atrayente y colorista el que mereció la fortuna de perdurar entre sus manos temblorosas. Lo recorrió primero con fingida calma, pero no iba a tardar en hacerlo con intensidad creciente. Y aun después de haberlo saboreado en toda su extensión, lo retuvo para demorarse, ¡una vez más!, sobre aquella escena que los dos esposos y amantes habían bautizado de la libélula. Un prodigio de atrevimiento y exquisitez como sólo puede inventar un genio del arte de la alcoba. Es aquélla en que la mujer — — — — — — — — — — — — — — — una explosión de estrellas de colores. Luego se quedó mustia y pesarosa, como si acabara de traicionar al ausente con todos los hombres del mundo, mil veces peor que si hubiera acudido a la invitación de su excelencia el gobernador en lugar de quedarse guardada en casa, furia y víctima solitaria del acometimiento de los recuerdos. Capítulo IX. Aquella noche, Tchang el Probo regresaba del viaje a la remota provincia...

—¡Dios mío, la paella!

—Vaya, para un domingo que podemos quedar en la cama.

—Bueno, Pepe, igual tomamos por Atocha unas tapas. Anda, sigue leyendo. Sigue.

«Del viaje a la remota provincia.» Está bien, mujer, en la Orensana. «En su bolsa de cuero repujado traía, como el mejor de los tesoros, un libro nuevo, absolutamente diferen...

EL INGENIERO BALBOA

Lena. Lena. Ahora que espero en la Uvi de la Concepción que es una antesala donde un hombre no puede hacer otra cosa que esperar

esperar el qué, pero esperar

y vivo (suponiendo) en una tibia plaza y redonda de burladeros de color de asepsia, recogido hacia el lejano claustro materno y las rodillas dobladas buscando el calor del vientre, la memoria vuelta a la carretera de La Coruña por la Moncloa ejercicio n.º 5 o sea movilizar el segmento cervical y corregir su estática defectuosa, o sea girar alternativamente la cabeza hacia la izquierda, después hacia la derecha (mirar atrás por encima del hombro): Miro, Lena, y te veo. Con el pensamiento reduzco la fractura astillante del tiempo —fíjate, admira a qué pedantes extremos han conducido aquí mi lenguaje—, y cuando tantas imágenes perdiéndose en una niebla sorda y dulzona que me sale del pijama roto en el pecho hasta empañar los níqueles milagrosos, tu vestido de flores amarillas sí. El secreto de tu vientre, sí. Y sobre la tela brillante y tensa su mano. Bien sabes la mano que digo, Lena. El caso es que a lo mejor tampoco ahora estoy para morir, son muchos los aparatos. Pero esta claridad con que me llenas, si casi me ofende el tenaz menudeo de los recuerdos de los lugares, de los lunares, el olor nunca más repetido ¡en tantos años! de tu abrigo de piel mojado por unas gotas de lluvia, tienen que ser justamente unas pocas gotas, yo no sé si una exageración así nos ilumina en la orilla misma de la muerte, qué experiencia quieres que tenga.

—Pero siéntese, Elena, le pongo una silla junto a la estufa.

—No me trate de usted, por favor, me conoce desde que era una niña.

Ahora, ahora tengo que aprovechar. Cada vez que me dais ese sabor azulado a la boca se me enfrena el corazón y respiro, coma, respiro, punto y coma; ella se resignaba muy fina: Sabe Dios lo que tardarán, las telefonistas dicen dos horas pero hay que ponerse en lo peor.

—Sí, qué tiempos, todo se nos ha vuelto tan difícil...

Conocí un placer nuevo porque todo se nos había vuelto tan difícil y ya ninguna urgencia de espiar sus piernas de largura negra, la falda en pliegues de color marengo, el jersey de lana otra vez negro y el cuellecito blanco; o sea de alivio. El cuellecito la aniñaba algo impropiamente y debía de ser por sus puntas tímidas y redondas. Pero te fijabas en la cara, y no. Había en sus ojos un mirar de brasas con muchos mundos y en los alrededores de los ojos las huellas no exageradas de un dolor venido a menos, la nariz tan noble, la boca, el cuello alto y derecho sobre un cuerpo nervioso. O nada. O no había nada de esto y sólo el nombre. Preguntad a cualquiera de la comarca. A aquel chico crecido, algo triste, algo soñador —no muy ancho de pecho— preguntadle: Elena Balboa.

Se sentó, supongo que por no desairar a mi madre, porque a mí no me cuadraba una mujer así estándose quieta en espera del timbre del teléfono, así de viva y flexible. Y ciertamente se levantó pronto como si se ahogara en el escritorio y andaba de acá para allá mirando las cosas del almacén, pero aún más las etiquetas de las cosas. Yo tuve que apartar la escalerilla de tijera. Ella me dijo perdona. Había cajas de cartón brillante que un día importaron artículos de Solingen y ahora rellenábamos con navajas de Albacete o las más toscas de Taramundi, los géneros de La Palmera también venían presentados, y los cartuchos de la U.E.E., que además se anunciaban en los almanaques. Un año tocaba una mujer morena de ojos grandes y oscuros con la mejilla probablemente cálida sobre el frío cañón de la escopeta, otro año una mujer morena de ojos grandes y oscuros a punto de prender con una cerilla el cohete de una verbena lejana. Son de Romero de Torres, fíjense en la llama de la cerilla, y la gente se entusiasmaba. Pero ella no, como si tuviera vistas todas las pinturas del mundo. Lo que prefería eran los paquetes ásperos y nada concesivos de Mondragón, toda una sección de arriba abajo con cerraduras, picaportes de resbalón, pernios, candados, cada artículo con sus correspondientes tirafondos. Así nos hicimos un poco amigos. De vez en cuando ella me preguntaba y yo alzo los ojos del libro cuyas hojas voy pasando a un ritmo aparente pero sin leer una línea. Ella me dice perdona. Las etiquetas son rojas o verdes según las cerraduras funcionen a derecha o a izquierda, lo descifró en seguida, y también recuerdo el gusto que me dio verla reír (entonadamente) porque entró un carpintero de Oencia pidiendo bisagras de culo de mona, es lo propio del ramo de la cerrajería, que los artículos son el 432 o el 75-A pero todo el mundo los llama por el apodo. El que Elena Balboa conservase la cualidad de reír (aunque fuese un poco) me descargaba de un peso, aquel que todos nos habíamos ido fabricando —pienso yo que todos— al ver pasar por las calles de la ciudad su luto esquivo, ya decreciente pero todavía acusador, y eso que yo —ahora no me gusta pensar que todos— la mano me hubiera dejado cortar antes que ponerla en aquella ofensa. Del teléfono, que por fin había sonado con desentono, volvió seria y apresurada, por entonces nadie ponía conferencias para asuntos felices. Tuve que acudir yo mismo al aparato de manivela cansina para preguntar el importe de los minutos y anotar en la libreta de hule y recoger el dinero de las manos finas y pálidas, todo una humillación, porque conviene decir que entre los enseres del negocio escondía yo, con mi aprendizaje de poeta, cierta aversión para las materialidades de la vida.

—Anda, déjame que los lea.

—Sí, hombre, no seas corujo —decía mi madre, que siempre le ponía una silla.

Mi madre marchaba a sus cosas y yo no sabía negarme, aunque mis papeles en manos de Elena Balboa me daban unos momentos muy angustiosos. Si podía soportarlo es porque siempre los miraba ella con formalidad. Trataba de suponer por dónde iría en cada momento su lectura, y una vez se detuvo un instante, sé dónde se detuvo, y me miró sorprendida. Pronto volvió a la hoja de letra grande y presuntuosa, pero yo seguí algún tiempo cavilando sobre aquella pausa. Cuando eché por otros pensamientos íbamos juntos bajo los árboles, porque no estaba bien, Elena, usted sola a estas horas que los días se han acortado mucho, mi hijo puede acompañarla. Y era verdad que ya en San Fiz la boca del lobo. Verdad que a lo lejos había encendido Corullón sus luces municipales y tacañas, y yo falseando los pasos sobre los erizos desventrados junto a la cuneta, enredando las botas en las hojas caídas de los castaños, malicioso de estirar el viaje sin que se advirtiera.

Cuando empecé a tener noticia de ellos era yo muy chico, niño de quien después odiaría la precocidad con dureza que los años han ido aliviando, aunque nunca, ni siquiera ahora, pude quererle del todo. A él lo recuerdo del día de la República. Yo debería estar jugando suelto y ajeno, probablemente jugaba, pero de algún modo me complicaban en el suceso la gravedad sombría de mi padre y la preocupación de mi madre, por si obligaban al arreglo morado en las colgaduras. Pasó entonces por la carretera junto a nuestra casa —dios inalcanzable, todo vestido de cuadros, con ojos de metal y negra la barba— y yo tuve delante el primer laberinto de mi vida porque a pesar de ser de los otros (lo había murmurado mi padre) se llevaba la mano a la visera y daba las buenas tardes. Buenas tardes don Jaime correspondió mi madre, mi padre un poco a regañadientes. En seguida vinieron muchos y daban vivas y mueras mejor que saludarnos cortésmente, lo que me hizo clasificar alto y aparte a los ingenieros. Los cuatro o cinco años siguientes iban a ser importantes en mi vida porque mimado y todo yo era un chico normal y la ocasión estaba llena de hallazgos asombrosos sobre el mundo y sobre mí mismo, pero don Jaime Balboa no desaparece del todo de mis asuntos, lo veo veraneante elegante y pulcro que se acercaba a comprar cuchillas de afeitar para recortarse y no las quería corrientes: acanaladas. Elena sería ya su mujer, pero yo no tuve entonces la menor constancia de su presencia. Lo iba a pensar más tarde con extrañeza. De la casa, sí; «la casa de los Balboa», que muchos llamaban «la casa del sauce» por su árbol copioso de barbas péndulas. Estaba en la falda de la montaña (estaba, digo, porque cómo contar ahora las ruinas), amenazada siempre, en mis aprensiones, de que el castillo se le viniera encima. Del castillo hay bonitas memorias, doña María de Toledo no quería casar con el duque de Braganza ni con esposo perecedero y una noche huye empalmando sábanas bordadas y se aventura la legua y media hasta Villafranca a buscar convento (aunque yo hubiera preferido la fuga a través de pasadizo subterráneo, como dicen que corre entre la fortaleza de Corullón y los Peña Ramiro). La casa de los Balboa guardaba, también en boca de mi padre, historias que si arrancaban en este mismo siglo o a lo sumo en el anterior, a mí me sabían igual de misteriosas y empolvadas. No salían almirantes ni adelantados, eran historias civiles como si dijéramos, de liberales y sediciosos. Don Saturio Balboa y su padre don Pepito Balboa y su abuelo don Federico Balboa y Echevarría (que descubrió las minas y puso escuela de artes y oficios) tan pronto andaban huidos por los altos de Hornija como de diputados. Volvíamos despacio de nuestro paseo higiénico-moral, mi padre cansado de mis preguntas, yo con el recuerdo de la casa cerrada y antagonista frente al castillo, sin saber a qué muros quedarme.

—Un verano, de ayer, de cuántos años
vinieron abundantes los augurios...

Elena no leía ahora para sus adentros. Leía en alto, con una voz clara y algo monótona, quiero decir que no recitaba los versos. De pronto se detuvo, seguro que acababa de ocurrírsele algo: Que se los dejara. Y yo, ni imaginar que las cosas pudiesen no ser como ella quisiera.

—Llévelos.

Lo que me pidiese.

Casi nunca me daba de pronto su veredicto, ella marchaba con mis papeles y yo acompañándola, con lo que las semanas se me hacían largas y llegué a no saber si era por aquellos pedazos de mí mismo o por el olor que no se parecía en nada al olor de todas las demás mujeres. En la mirada inteligente de mi madre supe mi propio cambio (inteligente y recelosa). El prolongar un solo minuto el tiempo de las comidas me parecía un dispendio como para sentirse culpable un hombre, y el comercio lo aborrecí hasta el malestar físico, algo menos cuando se trataba de un trabajo corporal y pesado, el de sustituir a los regocijados dependientes en la tarea de bajar y bajar al sótano los paquetes de puntas, cada paquete tres kilos, cada tonelada 333 paquetes, lo que ponía una tregua en mi nerviosismo taciturno y al final, sudoroso, cierta satisfacción masoquista.

El libro lo terminé en junio. Ella me lo dijo, yo no hubiera sabido por mí mismo que había terminado un libro. Antes se llevó las hojas, todas, no como otras veces que era este trozo o aquella parte, y ahora me las devolvía ordenadas de tal manera que el conjunto me parecía ajeno y mejor aunque mi escritura no había sido tocada realmente ni en una línea. Sin mirarla le di las gracias, y que celebrarlo: «¿En el Casino? ¿En el bar Sevilla?» «Para qué —dijo ella—. Según volvemos a casa.» Pues en el Viarolo. Había sido feria o por lo menos mercado y el mesón estaba lleno de paisanos avinados en la comprensible pereza de adentrarse monte arriba hacia sus lugares. Un momento se detuvieron las lenguas, que estarían dándole a las peripecias del trato, pero pronto volvieron a su machaqueo sin mayor interés por la presencia insólita de una señora. Creo que ello ocurría así porque Elena Balboa era una mujer delgada. Me alegré de que esta condición la alejase de la codicia de los demás hombres (eran otros tiempos), y fue nuevo y turbador tenerla tan para mí —sentados sobre una caja de cervezas, con el vaso de vino y el escabeche en un papel de estraza—, comunicante de vida a través de la poca ropa. No sé si también para ella sería distinto, pero sí me hablaba en un tono que reconocí compañero. Dijo allí su desdén por el quiero y no puedo de los bares de la plaza, tanto que de entonces en algún tiempo dejé de pasar el puente salvo temprano para ir a los frailes, a gusto con el café de recuelo de mi propio barrio que llaman el Otro Lado, sin ninguna nostalgia por el cine de los domingos. Ni por los bailes del Mercantil. Ni por el trato ahora insoportable con las chicas de mi condición y edad.

—¿Cómo son ellas? Anda, cuéntame. Acaso alguna...

Fueron fantasmas que había que apartar con violencia, con suavidad, con jaculatorias inventadas por Federico Ozanam, a veces con la aceptación del pecado sombrío para liberarse de una asquerosa vez, a cualquier hora del día o de la noche venían a la imaginación de uno con sus flancos calientes como en los bancos de la academia. Usted, señorita, Regencia de don Fernando y el breve reinado de Felipe el Hermoso. Reino del color oscuro el encerado, la sotana de don Manolo, la Edad Moderna, las bragas de Luisita, qué conmoción aquella tarde con que las bragas también pudieran ser negras. C.a.l.a.d.a.s. Y mi dolorosa timidez.

—No, qué va, ninguna en particular.

El mundo se había replegado a un territorio que dominaban mis botas, ya no esperaba que Elena viniera a la ciudad, yo mismo marchaba carretera adelante hasta avistar el yugo y las flechas de Corullón, pasaba las primeras casas con un buenas tardes que los paisanos empezaban a contestarme (creo) más maliciosos que cumplidos, y cada vez menos envarado trasponía la verja abrumada por el sauce llorón y ya estaba en el jardín cuando buen tiempo, si no en el soportal que mira a las almenas. La egregia doncella, con la sola ayuda de Dios y de una dueña leal, emprendió al descolgarse por tan ásperos torreones su aventura a lo divino, que luego reportaría a la ejecutoria familiar glorias comparables a las bien ganadas en la diplomacia o en la guerra. Porque la hija del Virrey don Pedro de Toledo y Ossorio y de doña Elvira de Mendoza, Quintos Marqueses de Villafranca, constituye un felicísimo ejemplo de mujer: virtuosa sin gazmoñería; humilde dentro de la secular grandeza de su estirpe; constante en sus propósitos; valerosa hasta la temeridad en sus resoluciones cuando tienen como fin una causa justa. Era tanta la humildad de esta Religiosa, fundadora del Convento de la Anunciada, que únicamente aceptó la pintura de su efigie por filial obediencia al Señor Marqués, pero a condición de que se la representase como a Santa Clara con una Custodia en la mano, para que cuando el cuadro fuese contemplado por las gentes, acudiesen las miradas y la devoción hacia el Santísimo Sacramento y no hacia su modestísima persona.

—Fíjate —me devolvió Elena el manuscrito, luego que lo tuvo días en su casa—, cuántos superlativos. Y ese tono algo siervo: Señor Marqués. Escribe libre y sincero, como en los versos.

Resplandores de sangres boreales. Y una lluvia de estrellas desplazadas. Elena sabía bien qué verano, cuáles presagios y destellos evocaba aquel poema. Ah si hubieran perseverado en sus ausencias, ella y don Jaime (siempre he dicho don Jaime, nunca he dicho doña Elena). Los imagino en playas incruentas, ella tan joven y más esbelta si cabe, él con sus planchados pantalones blancos... Pero se anticiparon: y eran tiempos en que aparentes casualidades echaban a los hombres por este camino, por el otro camino, o contra una pared que no lleva a ninguna parte. Debió de ser bien triste el momento del ingeniero Balboa dejando esposa reciente, y ya antes le habían arrancado los libros, los papeles, los discursos y las fotografías, dicen que incluso la tela de una bandera. No fue el único, pero sí el más penetrante en nuestras imaginaciones. Seguro que otros rapaces como yo habrán tenido sueños de aquel roble perseguido por las balas (cuentan con mucho detalle que en el puente intentó la fuga), dos pasos vacilantes, más balas segadoras porque no hay nada tan fácil ni tan difícil como ultimar una vida —aquí mismo, en esta enfermería apurada—, ¡ya!, y después el cuerpo inútil perdiéndose, perdiéndose, entre las aguas borrosas de la tormenta.

Luego, con Elena tan cerca, tan viva ella y nerviosa, ni aunque quisiera acordarme. Dócilmente me iba dejando cubrir por una costumbre tenue. Por mi edad de entonces debiera ser aquel un asunto primaveral y fogoso, y sin embargo lo reconozco como reflejo del otoño, no será en vano que me acusan de haber nacido viejo. Los indicios podrían estar ya en la propensión a las primas a punto de casarse, el gusto por las forasteras que llegaban en los veranos con el designio de marchar una mañana triste; y más decadente aún: la urgente y lacerada afición por las que venían a ser monjas en el convento paredaño de casa, sólo por evocarlas luego en la penumbra de la iglesia cuando en el coro oculto sonaba una salmodia resignada. Todo esto esclarece lo de Elena, tan viuda y aparte. Por ella dejé la misa de los domingos. (El trance en que redacto consiente poco la esperanza de que se me lea, pero pido que llegado el caso consideren cuánto significaba entonces el precepto.) Descarado en lo principal, no iba a detenerme en lo menudo. Acomodé mi arreglo personal a la insolidaridad de mi circunstancia —como siempre cuestión de pelo o barba o ancho de los pantalones— y el censo de la población se dividió en los que tonto y simulador, los que vanidoso, quienes loco pacífico, con algunos raros indiferentes.

—Pájaro madrugador... —decía el cojo de los frailes al abrirme la puerta, como proponiendo un refrán que no llegaba a completar nunca.

—Subo un momento, hermano Martínez.

—Anda, pasa. Si sabes los rincones mejor que el Padre.

El Padre era un paúl ratonil si puede decirse con cariño, de ojos que aprendían las cosas antes de preguntarlas. Regía la biblioteca y me había ayudado. Cuando nos conocimos me dijo que sí, que estaba bien que leyera a Zorrilla y a Espronceda, mejor a Bécquer, pero me iba poniendo sobre caminos que yo no había ni barruntado. «Ahora, esto.» «Toma, ya me dirás lo que te parece.»

—Te estás engolfando demasiado —tuvo que reprenderme un día. Yo llegué aún más temprano que de costumbre, a sabiendas de que él llevaría allí desde el amanecer—. Lo importante está en asimilar, y es que no sé qué haces con tantos libros.

No me contentaba con uno, ni con dos. Un montoncillo, todo lo que pudiera sujetar bajo mi brazo tenso. El Padre llevaba una lista donde escribía abreviadamente sus préstamos y mis devoluciones, no sé cuánto daría ahora por aquel índice. Yo acarreaba el tesoro a través de las calles que me veían huidizo, luego los tres o cuatro kilómetros de carretera hasta la aldea bien sabida. Allí se completaba mi oficio de intermediario, de enlace entre las limitadas estanterías de la Congregación y el incomprensible apetito de mi amiga. Había empezado ella señalándome los títulos y luego no, daba lo mismo Sienkiewicz que el Padre Feijoo, las Sonatas de Valle-Inclán emparejadas con las Conferencias de San Vicente. Libros, libros, libros, como si Elena no tuviera otra cosa que hacer en las veinticuatro horas de cada día. Y sin embargo, hacía otras cosas. El jardín, que fuera abandonado hasta casi la suciedad en los tiempos de la viudez brutal, recobraba su olvidada alegría bajo cuidados que suponían esperanza, y la casa solar de los Balboa, sin perder del todo su reserva interior, algo quería asomar bajo el gobierno de la dueña solitaria y joven. Joven. Porque Elena, aunque mi madre me lo reprochara con discreción: «Pero hijo, por Dios», eludía con su aire frágil aquellos diez o doce años de diferencia, que si estuvieran a favor del hombre resultarían tan propios, y así, al revés, se tomaban en el contorno fariseo a escándalo. Elena y yo, por lo demás, no éramos novios, no éramos nada todavía.

Todavía.

Pero ya viene aquella tarde, para qué vamos a andar con rodeos. Primero me pidió que la acompañara a la farmacia (hay que pasar el puente aciago), y ya desde la farmacia tenía que ser Correos. Luego la confitería. Luego la montura de unas gafas. Y al fin con ganas de sentarnos, el bar más concurrido: esta vez sí, transparente como un escaparate. Nos vio el teniente de la Guardia Civil, el conductor del coche de línea. Nuestro poeta mayor, nuestro Beethoven, nuestro pintor incomprendido. Los empleados del Banco Urquijo, los empleados del Banco Herrero, los empleados de la Banca Viuda de Nicolás González. El repartidor del Diario de León. Los abogados de secano y los abogados en ejercicio. Este otro, cómo se llama, practicante y cirugía menor. Tomaron nota las de Tagarro, las de Cureses, las de Magaz, los socios de Caza y Pesca. Lo retuvo el demandadero de las monjas para llevarlo al torno con la cesta, el Cholo, don Avelino, mis propias cuñadas, don Arturo del Olmo, nos vieron Rodríguez y Canedo Limitada...

«Cálmese, está excitándose demasiado.»

La tarde de la insólita decisión de Elena, en que de repente fue un reto al mundo entero para que nos mirase juntos, iba a rematarse con más graves novedades, querida enfermera mía. Andábamos por la carretera a la altura del prado de Valmoral, usted no sabe pero imagínese un verdor allá en el fondo con el pedregal y el río como linde, todo visto desde la cornisa que no tiene paredón ni siquiera ese consuelo que llaman quitamiedos. Elena llevaba días con mala cara. Debió de marearse un poco y tuve que sujetarla por la cintura, debió de marearse más y se apretaba pedigüeña como yo no la hubiese imaginado nunca. Seguimos sin ningún aflojamiento hasta la curva de San Fiz que casi se muerde la cola, y antes de rematarla nos vimos camino del polvorín. «Anda, tengo curiosidad por conocerlo.» A vueltas con mi

Derecho que estudiaba por obligación, a vueltas por devoción con mis literaturas, el negocio familiar me degradaba como tengo dicho, aunque le reconozco nobleza y varonía al hierro (en tejidos hubiera sido peor), y de toda la ferretería casi llegaba a gustarme aquel añadido que era el depósito de la dinamita. Anduvimos mirando las defensas, tocamos las cajas inocentes en su aspecto exterior pero sobrecargadas de poder terrible, la caseta aparte y blindada de los detonadores. Nos sentamos juntos sobre un listón entre dos apoyos inseguros. Con miedo de movernos. Fue excitante como mirar el mundo desde la penumbra de una sala de cine, lo que Elena contaba: como avanzar en un túnel hacia la claridad de la boca encendida. «Yo hacía de Laurencia (de un salto en pie, recitando) y ovejas sois bien lo dice de Fuenteovejuna el nombre. Dadme unas armas a mí, pues sois piedras pues sois bronces, pues sois jaspes pues sois tigres... (Se ríe. Luego muy seria.) Llevábamos nuestro teatro de pueblo en pueblo, era hermoso que aplaudiese la gente que no tenía ni siquiera jornal.» Pero también cosas lejanas, países que yo barruntara en el olor inconfundible de los textos de cada octubre contra reembolso, y eran atlas, el Francés de don Tarsicio Seco y Marcos catedrático por oposición y algo de la Legión de Honor, subíamos al tren en Hendaya, saludábamos poliment, Garçon apportez-nous une bouteille de vin de Bordeaux, rouge, sólo que Elena decía ahora por ejemplo Louvre y nada había en ella de fricativo ni prepaladial etcétera, Lou-vre, sencillamente la naturalidad de una fuentecilla que mana. No sé el tiempo que duró la fiesta. Y menos aún el por qué nos vino de pronto —nos lo dijimos— la gana de hacer las cosas más prohibidas. Fumar, que es muy sacrílego en un polvorín. Fue un cigarro a medias, ahora en el más oscuro de los silencios. Y salimos a la luz como se vuelve de las guerras, como el cirujano vencedor de la muerte y su enfermera admirándole, el piloto y la azafata después de rozar el ala de la desgracia, los amantes saludables después del funeral de un viejo. O sea buscándonos.

Veo el tronco de un gran nogal abatido como
nosotros mismos
Veo los helechos que ella alisaba con sus manos
más largas que nunca
Veo la piel extensa del abrigo entre su cuerpo y la
tierra siempre húmeda del sitio umbroso
Veo una rana mirona sobre una piedra privilegiada.

Lo veo todo y en cambio no puedo atestiguar de los pormenores técnicos, no sé si debe decirse técnicos. Mil veces tenía imaginado el suave lecho de ropa blanca, la indolencia de las caricias. Y ahora tan diferente, no digo mejor ni peor sino tan diferente y rápido, también pudo ser que empezaba una lluvia muy lacia sobre nuestros cuerpos, allí nació aquel olor de las gotas sobre el mouton o la piel que fuera, me rodea, qué dirá ese pobre hombre de la cama de al lado, si todavía siente.

Todo Corullón nos vio llegar juntos y es lo que ya venía ocurriendo, pero esta vez era más clara la proximidad que Elena buscaba a mi costado, me pareció que nadie se quedaría sin saber lo que había pasado entre nosotros.

—Anda, entra.

Lo que se dice entrar a la casa no lo había hecho nunca. Una vez que Elena estuvo algo enferma y yo me dirigí con naturalidad a visitarla, el viejo y único criado fijo, sordo del todo, me tomó los libros con una tosquedad casi hostil. Por fuera, sí. Si hacía bueno nos sentábamos bajo el porche o en el cenador y Apolinar traía unos vasos. Y no sólo en la parte delantera de la finca. Paseando y hablando andábamos la huerta hasta la construcción de atrás, uno de esos sitios que valen de granero y bodega y almacén de inutilidades. De allí mismo arranca la pendiente primero suave y luego abrupta que conduce al castillo, por esto un día se me ocurrió decirle a Elena que debíamos entrar juntos a la bodega y husmear hacia algún sótano misterioso, cómo no iba a andar más o menos por allí el pasadizo de los Toledo. Tonterías, todo eso son fantasías tontas, me lo dijo de una manera nerviosa y hasta irritada. Y era casi despedirme, perdona, hoy tengo que escribir unas cartas, de modo que me marché.

Y ahora por fin:

—Anda, entra.

—Bueno, pero no quisiera molestarte.

Lo estaba deseando. Acababa de tener a Elena como mujer, pero me hostigaba la preocupación de que no la franquearía de veras hasta conocer sus habitaciones. Hubo un vestíbulo amplio y enlucido de maderas anchas y bien plantadas al que acuden las puertas, cerradas, de varias estancias. La escalera reinaba en medio, casi antipática por lo solemne: arranca unánime, luego se divide por la derecha y por la izquierda —ella tomó sin dudar los peldaños de la derecha y yo me prometí ir aprendiendo sus pequeñeces— para desembarcar en otro vestíbulo más alto, bajo la luz de una claraboya. El pasamano de la barandilla, aunque sea mala costumbre, era gustoso el tacto como pulimentado por el tiempo.

—Espera un momento, quieres.

También arriba predominaban las puertas cerradas. Por la que estaba a medias se deducía un salón principal y eso que no muy rico ni muy lleno. Me sentía el corazón, acaso más que al descorrer desmañadamente la ropa de mujer, y al par que los ojos esforcé el oído cual si los interiores fueran a devolver secuestradas conversaciones muy pulidas y europeas, discursos, reglamentos, todo tan confuso de esotérico, y rotario, y masónico y espiritista, no sé si también krausista. Pero silencio. Y una atmósfera hecha de cera de lustrar más de papeles amarillos más de tabaco olvidado, la suma agarrándose a las paredes y a los retratos, quisiera saber el tiempo que llevan inútiles las ventanas.

«Anda, mejor en la galería» —volvía Elena de lo que me pareció una descubierta—. Es verdad, la galería de cristales estaba alegre, también menos apasionante. A la llamada que hizo vino una criada joven y zafia, sin soltar las cosas de la limpieza. Vete, Lucía, hoy ya no tienes que volver. Mientras Apolinar era un personaje intocable, las criadas cambiaban en la casa a cada momento. A ésta le noté en la cara una malicia que me pareció asquerosa, más que la rana quieta y extasiada del caborco. Mire que le queda aún mucho pasillo. Déjalo te he dicho, aprovecha para hacer los recados y ya seguirás mañana. Yo interpreté aquella impaciencia de Elena como de buen augurio para mi deseo, porque mi deseo de mozo en plena sazón era ahora una fuerza renovada, poderosa, más acrecida que mitigada por la experiencia de hacía tan poco tiempo. Quise abrazarla y No, no, me dijo; espera. Se puso a preparar el café. Yo me iba civilizando, asumiendo que se trataba, ciertamente, de un prólogo pertinente y enriquecedor. Así que Despacio, compañero, recuerda: En algún capítulo de alguna novela él la besaba en la boca con detenido oficio, y luego, entre los dos labios varoniles prende el labio inferior de la enamorada. En el resobado manual Printed in Argentina también el cuello pertenecía a ese rico acervo de zonas erógenas no nos cansaremos de repetirlo que ningún esposo debe descuidar. Y sobre todo Vargas Vila... Sobrevino un silbido avisador en la cafetera y Elena preparó las tazas, todo un servicio de loza fina con filete de oro, cuesta mucho arruinar del todo a una casa que alguna vez ha sido rica, lo que se dice muy rica. De la requisa —el coche, la radio (esto lo primero), las escopetas, los libros— se habían salvado discos, no todos, los de música clásica. ¿Te gusta? Sí, le dije. En la introducción de trompas y fagotes llamaba el Destino, la fuerza fatal que se opone a la realización de la felicidad deseada, que vela celosamente para ahuyentar el bienestar y el reposo e impide que el cielo amanezca sin nubes. Lealmente: yo no lo hubiera sentido así de claro a no tener ante mis ojos la clave de las palabras escritas, o si éstas hubieran sido impresas sólo en alemán; pero también en francés, sobre el cartón suave de la funda que una de mis manos sostenía mientras la otra, mansa por la música, se empleaba con una suerte de liberalidad sobre la mano amiga, nada más que sobre la mano. En voz alta traduje «...el sentimiento de depresión y ¿No es mejor apartarse de la realidad para abandonarse al sueño?» Los dedos nunca del todo sometidos debieron de responderme algo, siguieron hablando a lo largo, no, a lo profundo de los siguientes movimientos, pero no había pauta escrita por donde yo pudiera valerme ahora y así aprendí que es bien difícil sinfonía el pulso de una mujer.

—¿Otra taza?

—Sí, gracias.

—Sí —delicadamente—, gracias; pero yo quería otra cosa, Vargas Vila llevaba a sus afortunados por jardines crepusculares, allí Hugo Vial artista y exquisito persuadía a sus amadas, Oh amada, Oh desdeñosa, mientras con mano hábil las desaligeraba del corsé y como olas de un mar de nieve los dos globos de alabastro brotaban insumisos. Pero tú no sabrías, infeliz, ¡cómo intentarlo entre el cerco de los espejos, cuadros, muebles!, sobre todo los muebles, todos ellos de esquinazos contrarios a mis intenciones, pensarlo sí, con tu peso bien podría yo, Elena. Me pongo en pie sin prisa, con la seguridad que da el derecho, ¿o acaso no eres ya mi amante?, y parado frente a ti te miro un instante y tú me entiendes. La mano, Elena. Tiro hacia mí y yergues el tronco, la cabeza un poco atrás, dejas el sillón y ya, los dos en pie frente a frente cercanos, condición brevísima para estar de pie y pegados, de pie y cosidos, de pie y grapados, yo no sospecho una postura más amorosa y frenética, desesperada. Pero renuncio. No te abrazo, advierte, lo que invento es llevarte en volandas aunque cómo acertar las señas de tu alcoba en esta casa innumerable, tus pies balanceándose pequeños y graciosos, por los corredores recién encerados vas perdiendo un reguero de zapatos, algo me guiará, un olor. La cama es ancha, tiene dosel, te echo con cuidado y contemplo. Tú apagas la luz. ¡Pero si has viajado mucho, Elena!, París, Viena, de manera que dejas una media luz, empiezo por arriba, desprendo, aparto, descubro, rajo sin querer, abajo del todo, me sitúo en el centro del mundo, afronto como un hombre el delicado trámite de disponerse uno mismo.

—De todos modos no podré dormir.

Así justificaba ella su reincidencia en el café, en el tabaco. Lo dijo y borraba mis pensamientos desbocados, su voz me sonó blanca e invernal como sólo puede ocurrir en la música, o sea: en las exégesis de la música. En el tercer tiempo —scherzo, pizzicato ostinato—, figuras incomprensibles parecidas a imágenes que sugiere al espíritu un vino demasiado fuerte, prescribía Tchaikovsky a la señora von Meck como puede leerse en la envoltura del disco; los genios le confiaban estos detalles a una amada a lo mejor platónica, a un Gran Elector o Arzobispo amigo.

—Yo sí podría —insinué— pero no quisiera, esta noche no quisiera dormirme.

Me miró asustada, quizá un poco orgullosa. Creo que retrocedió un poco hasta buscar el respaldo del sillón, excesivo para su figura liviana.

—Ahora, Elena.

—No.

—Me gustas, te quiero, te lo suplico —eso, cosas así debí de decirle.

—No, no, espera.

De todos modos, lo intenté. Resultó un forcejeo, cómo explicar... Contra la estética. Y lo peor, ruidoso. Ella se llevaba un dedo a los labios nada abrideros, chist, por favor. Se libró y fue a ahogar mis apremios en el volumen súbitamente aumentado del concierto. Debía de acercarse el final, las grandes sinfonías previenen siempre su apoteosis, y me pareció que toda la casa incógnita estaba hecha de cuevas y pasajes donde sonaba y resonaba la fuerza aquella que decía el compositor. Luego el silencio, desazonante.

—Estoy deshecha, perdona.

—Entonces, ¿cuándo?

—No sé, perdona, ahora mismo no quisiera pensar en nada. Mañana.

Mañana resultó un día perezoso, no acababa de llegar nunca, pero cumplimos nuestra cita por segunda vez en plena ciudad y estuvo claro que habíamos roto barreras, salvado ríos, recuperado calles y plazas. En el centro de mi propio lugar, yo me sentía como un poco viajero. A media tarde (y no va a ser ocasión menor en este memorial desatado) Elena me enseñó a reconocer para siempre esa hora tan afinada y rosa de las cinco, salones de chá en Lisboa; el Claridge de Londres sobre todo, Londres... Pero en los cafés de la plaza las mesas se habrían vaciado de las partidas y todavía no es tiempo de que vengan los novios y los jubilados a sus meriendas aquilatadas, así el aprendiz de camarero andará barriendo los despojos del movimiento anterior por entre sillas dobladas de fatiga. Es verdad, coincidió Elena. Y que por eso, el té, en el hotel. Estábamos a dos pasos del Condesa. ¡El hotel Condesa! Yo no había traspasado nunca la puerta encristalada y vagamente imperial del mejor hospedaje de nuestra ciudad, un orgullo, casi una desproporción decían, hasta Lugo habría que llegar para poder encontrarle un semejante. Mi padre sí había estado en el hotel a comer, con su jefe político y gente importante, les sirvieron langostas traídas de las rías bajas, él se lo estuvo contando a mi madre demasiadas veces. Del hotel había huido una dama intrigante que dejaba atrás la campanada y maletas con periódicos viejos. La prueba del desorden en casa de los Argüellos, la premonición de su ruina inevitable estaba en que hoy por esto mañana por lo otro encargaban al hotel la comida completa, cuatro platos o más desde las cocinas mercenarias hasta el desarbolado palacio familiar, itinerantes piedras de escándalo bajo las servilletas almidonadas. Y en el hotel, contaban los mayores, en voz baja, cuando todavía dejaban los carnavales... Derechamente pasamos al salón noble. Un lugar recatado; y al mismo tiempo, si se tienen los oídos predispuestos, sonoro de cuerdas invisibles. Y barrocas. Nos sentamos a un gran velador redondo, y las butacas, si he de ser sincero, no pasaban de ser de mimbre, pero ennoblecidas de tiras de esmalte coloreado, cada butaca con su cojín. Lo que tomamos fue el té, naturalmente. Con pastas finísimas: esto sí que podría, «el secular prestigio de nuestros productos locales», soportar la prueba del paso del tiempo, como si se quiere cien años. Miraba yo a Elena, a las manos de Elena, salté a mis propias uñas temeroso de cualquier minúscula negligencia, nada, mis manos largas y delgadas que alguna vez oí alabar por boca querida, y esa tranquilidad me estaba permitiendo descubrir en el alrededor penumbroso estampas de Venecia, maceteros, pájaros disecados, mantones de Manila sobre pianos al fondo, tampoco quisiera pecar de exageración en esto de los pianos. Debió de haber otra gente, pero ninguna cara conocida. De pronto supe lo que son los celos. «Pero qué sorpresa, ¿te apetece tomar algo con nosotros?» El forastero era más alto que yo, yo me había levantado atendiendo a la presentación que Elena oficiaba con una sonrisa hospitalaria. También lo vi elegante, la camisa blanca con cuello duro bajo una chaqueta sport de la pana más rústica. Pero envidiarle, sobre todo los puños. Sobresalían limpiamente de las mangas de la chaqueta, prendidos por gemelos excesivos aunque de buen gusto, y de ello se beneficiaban sus manos competidoras hasta en el menor movimiento que emprendieran: el cigarrillo rubio, la copa. Dijo que estaba de paso. Elena y él se hablaban de igual a igual, de cosas consabidas por ellos, que a mí no me dejaban aire para respirar. Deduje que se conocían de mucho antes. Una vez aludieron al ingeniero Balboa, Jaime, dijeron, y se produjo una pausa. Después de envidiar al intruso los puños planchados, la estatura, la boquilla de plata y hasta la edad —los veinte años que me llevaría—, me dio rabia su copa, él se había negado al té con una broma entonada, y es que yo hubiera preferido también una compuesta idéntica con su latiguillo de fuego estimulante, sus pedazos de hielo, su guinda erótica. Al final, fuimos los tres hasta la puerta y el compañero reciente se ofreció a seguir con nosotros, podíamos pasear, recorrer la calle de los escudos. Elena fue tajante. Cortésmente le dio la mano. Los dos hombres nos dimos la mano. Entonces, allí mismo, con el gesto más ostensible y claro de describir, Elena me prefirió, se cogió de mi brazo. Y salimos a plena calle. A plena luz.

Luego siguieron días, supongo que semanas, olvidé el trabajo y los libros de texto y las literaturas, y las comidas y la gente siempre buscándola a ella. Pero nunca en su casa. Desde que hubo aquello entre nosotros parecía como si quisiéramos respetar el sagrado de la familia, y esto sin necesidad de decírnoslo con palabras. Yo aprendía a esperar. Esperar, enfermera, se lo dice un hombre gastado, pero memorioso, es el abecé de cualquier amante distinguido. Ninguna mujer debiera abrir sus brazos a varón que no sepa aguardar el momento, yo llevaba tardes y más tardes prometiéndome gozosas reválidas pero me contentaba con sentir que de alguna manera estábamos rozando las puertas de la ocasión, ¡tenía que llegar!, la ocasión, por entonces, era sencillamente el sitio. Desechado el hotel (Santo Dios alcanzar una llave, una habitación, el balcón con sus cortinas echadas) lo que quedaba era el campo, solar generoso de todos. Caí en una ocupación enfermiza y secreta. Mis descubiertas sobre el terreno entre la ciudad y la aldea me animaban al proyecto para el más curioso de los mapas, si no lo prohibiese el pudor. Tanteé prados mullidos al lado de prados traidores por su humedad invisible; ruinas monásticas de paz turbada por las culebras; alamedas de verdad espesas pero bosques falaces con súbitos calveros donde siempre podría sospecharse a un pastor voyeur. Y hasta algún lugar osadamente próximo descubrí para las veinticuatro horas de la jornada menos aquellos dos momentos, uno por la mañana, otro por la tarde en que lo flanquea con sus chispas el pequeño tren de Toral. Luego los dos juntos, con Elena inocente de mis maquinaciones, desviábamos nuestros pasos porque desde ahí, a solo un trecho, ¡palabra!, se contemplaba un paisaje definitivo. Y el caso es que, ¿cómo decirlo?, mi empresa se tejía mucho más con presupuestos que con culminaciones triunfantes, recuerdo más ratos de alimentar la hoguera que instantes de abrasarme entre las llamas. Esto me parecía un desperdicio, porque dábamos que hablar por encima de lo que yo, yo al menos, cosechaba. En cuanto a Elena lo que retengo de aquellos trances es un fugaz (pero no exagerado) contentamiento, han pasado los años, señorita, y yo no estoy seguro de conocer a las mujeres. Usted misma, ¿cómo se llama usted?, Elena era desde luego un bonito nombre. Ahora caigo en que menos evasiva se me mostraba cuando íbamos al centro como ella parecía buscar, o entrando y saliendo en el hotel, a la ceremonia de las cinco, que ya me parecía natural y hasta la infusión empezaba a gustarme. Repetíamos nuestros paseos por la calle de las tiendas o bajo los soportales si estaba lloviendo, a mostrarnos urbi et orbi —bromeábamos—, desafiantes. Parecemos dos novios, Elena. No somos novios, pero vamos a tener un hijo. Mejor resaltarlo:

—No somos novios, pero vamos a tener un hijo.

Debí de estar impropio, riéndome. Luego no, pero primero estuve imbécil riéndome. ¿Un hijo? Sí, sin ninguna duda. Nos quedamos callados el resto del tiempo. La acompañé como siempre, pero sin proponerle ningún desvío, y como siempre volví a pie por la carretera, esta vez más despacio, un poco ebrio y sólo había bebido un vaso. Llegué a acostarme, estoy seguro, en un estado de ánimo muy indiferente y borroso. Por la mañana, no. No desperté demasiado temprano pero sí lleno de claridad, y aproveché una camioneta que marchaba de la tienda con alambre de espino. Elena no se sorprendió, sospeché incluso que me esperaba, pero mostró un increíble asombro cuando sin apenas cumplidos le espeté que iba así de mañana para pedirla. ¿A quién? No sé, pero a pedirte. Lo discutimos hasta la hora de comer y un momento pensé que me convidaría a su mesa, no las invitaciones menores de un café o un refresco en el porche. Fue un desencanto, aunque no demasiado con tantas emociones por medio. La predominante era un orgullo de hombre, algo mezclado de estupor por aquella idea mía de que un fruto así debería sobrevenir después de más abundantes abrazos, y también más, digamos, cómodos y completos. También acontecía que yo era un caballero. Está bien que seas un caballero pero yo no tengo prejuicios, créeme, tú sabes que mi hijo es tuyo, todo el mundo va a enterarse, hasta habrá lenguas que lo hayan predicho. No es sólo caballerosidad, Elena, es que además... Escucha, escucha, yo no seré tu esposa pero sí tu mujer, ¿no crees que es más hermoso?, tú tan poeta... Claro, yo me examinaba por libre en Oviedo, ella fue al Instituto Escuela, el mundo, todos en la región sabíamos que hasta en Rusia, me convencía siempre.

—Como quieras, Elena.

Sentí unas ganas enormes de recobrar allí mismo su cuerpo visto y no visto, qué me importaban ahora los muros y los apellidos, el árbol que hubiera plantado un señor al óleo si todo aquello era de ella, o sea mío, o sea de lo que iba a nacer de Elena y de mí. Quizá pensara, entonces, que una mujer en estado es prohibición. La besé de una manera muy dulce y considerada. Te besé, pero no podía sospecharlo, de una manera muy última.

Las campanas de la Anunciada las tengo en la punta de la lengua. Si supiera solfeo las escribiría. Cuatro notas son, otras cuatro replican. El Virrey mandó fundirlas con cañones victoriosos pero adelgazados por la vejez, así tienen la voz aniñada de los generales añorantes. Contaba mi crónica primeriza que ellas solas se echaron a voltear cuando venía cerca la reliquia insigne del fraile Lorenzo de Brindis, porque la fugitiva de Corullón y luego Fundadora quería tener una reliquia insigne, o sea, porción principal del cuerpo de un santo, pero con todas las de la ley y no como su señora tía la de Alba y Colonna, que marchó cautelosa a Peñalba para agenciarse las de San Genadio, San Urbano y San Fortis y luego hubo pleito y obligada devolución de la calavera de San Genadio y también una de las tibias. «¿Tú crees?» Tenía descrito yo los globos de fuego que anunciaron en el horizonte el comienzo de la racha de los milagros. «¿Tú crees, verdaderamente?» Había relatado con realismo contagioso la picazón de los parásitos que aguijaron a la Noble Comunidad mientras ésta no nombrara abogado específico, San Daniel y Compañeros Mártires de Ceuta, su fiesta el 13 de octubre. «¡Ah, qué maravilloso!» Hasta que con furia rompí el cuaderno, desde la primera hoja a la que cerraba el bosquejo con algún efectismo solemne. Porque:

—No es eso —me había reñido ella, ahora sin ironías—. Escribe sólo lo tuyo, desconfía de las demasiadas mayúsculas.

Tampoco hay que reprochármelo demasiado, el levantamiento de mi discurso. La vida era plana, sin otra melodía que la que me inventaba yo mismo al compás de la Royal portátil, usada, que me compró mi madre. Antes de la aventura, es todo esto que estoy diciendo. Mi madre estaba siempre despierta, trabajo me cuesta recordarla con sus ojos ya últimos y cerrados. Era la primera:

—¡Hijos, mirad la casa de la abuela!

Nos íbamos levantando sobrecargados de pereza y noche, mirábamos y no, no era la casa de la abuela sino un molino o una carpintería imprudente, la bomba del Ayuntamiento se declaraba inservible y ya corría por las calles la voz comunitaria y patética, ¡Agua!, ¡Agua!, todos a una con los calderos a formar el cordón en que se aplazarían las diferencias, pequeñas enemistades de ciudad pequeña. Después de las campanas de la Anunciada, la Colegiata. Luego San Nicolás.

—¿Dónde es el fuego, vecinos?

Aquella vez:

—En Corullón es la quema, dicen que arde el pueblo por los cuatro costados.

Siempre se exageraba. Gente que arriesga su vida salvando una triste mesilla de noche sentía al fin un inconfesable desencanto por no poder contar a la mañana siguiente mayores estragos. Pero esta vez no. Suceso grande sería para que allá en la aldea no se bastasen. Me mezclé con el personal que marchaba atajando a través del río. Hacían cábalas apresuradas que para mí no tenían sentido, yo sabía bien dónde era la desgracia. Sólo lo de los Balboa podía valer el extremoso recurso de tal rebato y yo corría hacia allí como quien va a salvar su propia vida. Era, realmente, mi propia vida. Más que esta otra tan agarrada y terca en alimentarse del gota a gota; me gustaría saber por qué cuando se acerca el final del frasco, el gota a gota se pone loco.

Ahora también el relato va a precipitarse. Todavía me parece increíble haber saltado el reguerón de orilla a orilla sin santiguarme, mi adolescencia fue algo cobarde porque saltaba menos que los otros chicos. Pero es que ya no era mi interior certeza sino la comparsería de los hombres jadeantes y las mujeres plañideras:

«¡La casa del sauce!, ¡La casa del sauce!»

Yo quería entender en aquellos gritos el sobrecogimiento de todo un pueblo, casa de las rebeldías de un siglo, de los periódicos numerosos, de lejanos viajeros y de compromisarios y pactos secretos. La estética, aun apretado mi corazón en la ansiedad inmediata, descorría su telón de grandeza trágica, se ve que no tengo remedio. El coro griego enmudeció cuando llegábamos a la revuelta. Las teas, porque cómo iban a ser prosaicas, espurias linternas eléctricas de mano, quedaron apagadas ante la iluminación que daba la hoguera misma. Debían de ser las últimas llamas, más por la solidez de la construcción que efecto de los auxiliadores, muchos, seguro que desordenados y fanáticos en la vehemencia. Si me detuve un instante para no morir sin aliento, la noche, el fuego, la imaginación sin cadenas confundían como jamás a la fortaleza torva con la arquitectura civil, las hermanaban hacia el común futuro de las ruinas. Pero me recobré corriendo. Me hicieron calle y yo pasé por en medio, reconocido y acatado cual nunca me viera entre los míos. Así se me franqueaban, al fin, sobre los rescoldos del infortunio, las últimas puertas, los muros más interiores de lo imposible. Sorteando restos humeantes o apartándolos con fiereza supe llegar sin titubeos a la cámara que yo había presupuesto hasta en los colores del empapelado. Entré como un viento hasta el centro de la estancia revuelta. Allí quieto, clavado, me puse a envejecer. Al fondo, cerca de la ancha cama, ¡y la cama tenía dosel!, enseñaba la pared un roto aún polvoriento por lo reciente, como boca de túnel o alacena infinita. Un hombre desenterrado y flaco lo cubría en parte. Mala cara barbada me tenía don pedro de toledo, marqués de villafranca del bierzo, duque de fernandina, príncipe de montalván, de los consejos de estado y guerra, no se crea que estime yo en mucho esta memoria desigual que acarrea datos inútiles y me aleja a veces de mi propio nombre, embajador de don felipe segundo que dios guarde, capitán general de la escuadra y galeras del reino de nápoles. Fascinado avancé a comprobar, a tocar para que mis ojos creyeran. Pero él venía ya con la mano alzada, pensé de pronto que a castigarme. No. Que a dármela a besar. No. La dejó un momento en el aire, oloroso a resinas quemadas. Luego tuvo aquel gesto para un tapiz: su diestra descolorida por entre los matojos velludos la puso sobre el vientre de la mujer, allí la descansó, y era una declaración de propiedad tan solemne que daban ganas de arrodillarse. Apolinar, como un chambelán sordo, hosco y fiel, se limpió una lágrima sabedora. Tú estabas apenas, replegada bajo la tela, por más que ésta no fuera ya de luto ni de alivio, de flores tensas y amarillas sí. No me miraste, quizá te has muerto o morirás sin saber que corrí a tu lado, como yo no sabré nunca si me quisiste o si sólo me necesitabas para justificar el fruto delator de vuestro secreto, vencedor sobre la ley de fugas. Él sí me miró, Elena. Me mira ahora, de mentor escondido crece a protagonista en el centro único de esta historia, a todos nos aparta.

—Vamos, señores —ordenó el ingeniero Balboa como si los guardias estuviesen allí para obedecer.

Creo que fue mi primer afecto adulto, francamente republicano cuando al pasar me dijo con los ojos gracias, que escribiera sin amos como en aquellos versos, que el Destino llegaba puntual ahora que él había leído todos los libros de los frailes, Lena, un poco de agua por favor.

TÍTULOS PUBLICADOS EN COLECCIÓN AUSTRAL

Ramón del Valle-Inclán
1. **Luces de bohemia**
Edición de Alonso Zamora Vicente

Juan Vernet
2. **Mahoma**

Pío Baroja
3. **Zalacaín el aventurero**
Edición de Ricardo Senabre

Antonio Gala
4. **Séneca o el beneficio de la duda**
Prólogo de José María de Areilza y Javier Sádaba

Fernand Braudel
5. **El Mediterráneo**
Traducción de J. Ignacio San Martín

Gustavo Adolfo Bécquer
6. **Rimas y declaraciones poéticas**
Edición de Francisco López Estrada y María Teresa López García-Berdoy

Carlos Gómez Amat
7. **Notas para conciertos imaginarios**
Prólogo de Cristóbal Halffter

8. **Antología de los poetas del 27**
Selección e introducción de José Luis Cano

Arcipreste de Hita
9. **Libro de buen amor**
Introducción y notas de Nicasio Salvador

Antonio Buero Vallejo
10. **Historia de una escalera/Las meninas**
Introducción de Ricardo Doménech

Enrique Rojas
11. **El laberinto de la afectividad**

Anónimo
12. **Lazarillo de Tormes**
Edición de Víctor García de la Concha

José Ortega y Gasset
13. **La deshumanización del arte**
Prólogo de Valeriano Bozal

William Faulkner
14. **Santuario**
Introducción y notas de Javier Coy
Traducción de Lino Novás Calvo

Julien Green
15. **Naufragios**
Introducción de Rafael Conte
Traducción de Emma Calatayud

Charles Darwin
16. **El origen de las especies**
Edición de Jaume Josa
Traducción de Antonio de Zulueta

Joaquín Marco
17. **Literatura hispanoamericana: del modernismo a nuestros días**

Fernando Arrabal
18. **Teatro bufo (Róbame un billoncito/Apertura Orangután/Punk y punk y Colegram)**
Edición de Francisco Torres Monreal

Juan Rof Carballo
19. **Violencia y ternura**

Anónimo
20. **Cantar de Mio Cid**
Texto antiguo de Ramón Menéndez Pidal
Versión moderna de Alfonso Reyes
Introducción de Martín de Riquer

Don Juan Manuel
21. **El conde Lucanor**
Edición de María Jesús Lacarra

Platón
22. **Diálogos (Gorgias/Fedón/El banquete)**
Introducción de Carlos García Gual
Traducción de Luis Roig de Lluis

Gregorio Marañón
23. **Amiel**
Prólogo de Juan Rof Carballo

Angus Wilson
24. **La madurez de la Sra. Eliot**
Introducción y notas de Pilar Hidalgo
Traducción de Maribel de Juan

Emilia Pardo Bazán
25. **Insolación**
Introducción de Marina Mayoral

Federico García Lorca
26. **Bodas de sangre**
Introducción de Fernando Lázaro Carreter

Aristóteles
27. **Metafísica**
Edición de Miguel Candel
Traducción de Patricio de Azcárate

José Ortega y Gasset
28. **El tema de nuestro tiempo**
Introducción de Manuel Granell

Antonio Buero Vallejo
29. **Lázaro en el laberinto**
Edición de Mariano de Paco

Pedro Muñoz Seca
30. **La venganza de Don Mendo**
Prólogo de Alfonso Ussía

Calderón de la Barca
31. **La vida es sueño**
Edición de Evangelina Rodríguez Cuadros

José María García Escudero
32. **Los españoles de la conciliación**

Antonio Machado
33. **Poesías completas**
Edición de Manuel Alvar

Nathaniel Hawthorne
34. **La letra roja**
Prólogo de Jesús Aguirre, duque de Alba

Pío Baroja
35. **Las inquietudes de Shanti Andía**
Edición de Darío Villanueva

Gustavo Adolfo Bécquer
36. **Leyendas**
Edición de Francisco López Estrada y María Teresa López García-Berdoy

Ramón del Valle-Inclán
37. **Sonata de primavera y estío**
Introducción de Pere Gimferrer

Francisco Delicado
38. **La lozana andaluza**
Introducción de Ángel Chiclana

José Guillermo García Valdecasas
39. **El huésped del rector**

Felipe Trigo
40. **Jarrapellejos**
Edición de Ángel Martínez San Martín

Fray Luis de León
41. **Poesía completa. Escuela salmantina**
Edición e introducción de Ricardo Senabre

Francesco Petrarca
42. **Cancionero. Sonetos y canciones**
Traducción y prólogo de Ángel Crespo

Leopoldo Alas
43. **El Señor y lo demás, son cuentos**
Introducción de Gonzalo Sobejano

Juan Valera
44. **Pepita Jiménez**
Introducción de Andrés Amorós

Gabriel García Márquez
45. **El coronel no tiene quien le escriba**
Introducción de Joaquín Marco

José María Vaz Soto
46. **Despeñaperros**
Prólogo de Víctor Márquez Reviriego

Ignácio Sánchez Mejías
47. **Teatro**
Edición de Antonio Gallego Morell

Manuel Vázquez Montalbán
48. **Tres novelas ejemplares**
Introducción de Joaquín Marco

Ernesto Méndez Luengo
49. **Llanto por un lobo muerto**
Prólogo de Ramón Hernández

Calderón de la Barca
50. **El alcalde de Zalamea**
Edición de José María Ruano de la Haza

José Zorrilla
51. **Don Juan Tenorio**
Introducción de Francisco Nieva

Miguel Hernández
52. **El rayo que no cesa**
Edición de Juan Cano Ballesta

Manuel de Falla
53. **Escritos sobre música y músicos**
Introducción y notas de Federico Sopeña

José Alsina
54. **Los grandes períodos de la cultura griega**

Salvador de Madariaga
55 y 56. **El corazón de piedra verde**
Prólogo de Luis Suñén

Arturo Uslar Pietri
57. **Oficio de difuntos**
Introducción de Carmen Mora

Juan Ramón Jiménez
58. **Platero y yo**
Edición de A. Cardwell

Charlotte Brontë
59. **Jane Eyre**
Introducción de Cándido Pérez Gállego

Oscar Wilde
60. **Cuentos completos**
Introducción de Luis Antonio de Villena

Ramón del Valle-Inclán
61. **Sonata de otoño. Sonata de invierno**
Edición de Leda Schiavo

Jaume Cabré
62. **Libro de preludios**
Prólogo de Àlex Broch

Miguel Mihura
63. **Tres sombreros de copa**
Edición de Antonio Tordera

Jose María de Areilza
64. **Paisajes y semblanzas**
Prólogo de Elena Quiroga

Antonio Gala
65. **Carmen, Carmen**
Prólogo de José Romera Castillo

Alonso de Contreras
66. **Discurso de mi vida**
Edición de Henry Ettinghausen

Fernando Pessoa
67. **Antología poética (El poeta es un fingidor)**
Edición de Ángel Crespo

Fernando Sabater
68. **El último desembarco. Vente a Sinapia**
Prólogo de María Ruiz

Leandro Fernández de Moratín
69. **La comedia nueva. El sí de las niñas**
Edición de René Andioc

Homero
70. **Odisea**
Edición de Antonio López Eire

Enrique Jardiel Poncela
71. **Eloísa está debajo de un almendro. Las cinco advertencias de Satanás**
Introducción de María José Conde Guerri

E. Inman Fox
72. **Ideología y política en las letras de fin de siglo**

Juan de Mena
73. **Laberinto de Fortuna**
Edición de Miguel Ángel Pérez Priego

Pietro Aretino
74. **La comedia de la corte. El Caballerizo**
Edición de Ángel Chiclana

Antonio Buero Vallejo
75. **Un soñador para un pueblo**
Edición de Luis Iglesias Feijoo

Emilio Romero
76. **Las ratas suben a la ciudad. Verde doncella, o El marido para después**
Introducción de Lorenzo López Sancho

Federico García Lorca
77. **La casa de Bernarda Alba**
Introducción de Francisco Ynduráin

Serafín y Joaquín Álvarez Quintero
78. **El genio alegre. Puebla de las mujeres**
Edición de Gregorio Torres Nebrera

Vita Sackville-West
79. **Los Eduardianos**
Edición de Jesús Pardo

Federico García Lorca
80. **Yerma**
Introducción de Miguel García Posada

Calderón de la Barca
81. **El mayor monstruo del mundo**
Edición de José María Ruano de la Haza

Antonio Buero Vallejo
82. **El concierto de San Ovidio**
Introducción de David Johnston

83. **Diccionario Austral de la lengua española**

Rafael Dieste
84. **De los archivos del trasgo**
Prólogo de César Antonio Molina

Salustiano del Campo
85. **La sociedad de clases medias**

Tirso de Molina
86. **El burlador de Sevilla**
Edición de Ignacio Arellano

Vicente Palacio Atard
87. **Juan Carlos I y el advenimiento de la democracia**
Prólogo de Antonio Rumeu de Armas

Pedro Calderón de la Barca
88. **El mágico prodigioso**
Edición de Bernard Sesé

Salvador de Madariaga
89. **Poesía**
Prólogo de Dámaso Alonso

Diego de Torres Villarroel
90. **Vida**
Edición de Manuel María Pérez López

Juan Manuel Borrero
91. **La luna blanca de Chesed**
Prólogo de Juan Cruz

José Barón Fernández
92. **Miguel Servet. Su vida y su obra**
Prólogo de Pedro Laín Entralgo

Estela Canto
93. **Borges a contraluz**

José Cadalso
94. **Cartas marruecas**
Edición de José Miguel Caso

Alfonso Martínez de Toledo
95. **Arcipreste de Talavera**
Edición de Marcella Ciceri

Garcilaso de la Vega
96. **Poesía completa**
Edición de Juan Francisco Alcina

Raymond Aron
97. **Estudios sociológicos**

Justo Jorge Padrón
98. **Sólo muere la mano que te escribe. Los rostros escuchados**
Prólogos de José García Nieto y Victor Ivanovici

M. J. de Larra
99. **Artículos de costumbres**
Edición de Luis F. Díaz Larios

Gabriel García Márquez
100. **Cien años de soledad**
Introducción de Joaquín Marco

Antonio Pereira
101. **Cuentos para lectores cómplices**
Prólogo de Ricardo Gullón